PortoSeguroEditore

Marinella Boccadamo

IO NON SONO UNA VITTIMA

A Daniela,
con simpatia.
Buona lettura
Marinella Boccadamo

PortoSeguroEditore

III edizione maggio 2023

ISBN 9788855466073

Questo volume è stato stampato presso
Fotlito73Grafic - Borghetto Lodigiano (LO)
Stampato in Italia - Printed in Italy

www.portoseguroeditore.it
info@portoseguroeditore.it

Al mio insegnante di scrittura creativa Enrico Ernst

Questo libro è un'opera di fantasia. Nomi, personaggi, luoghi e avvenimenti sono frutto dell'inventiva dell'autore e vengono usati in modo fittizio. Qualsiasi somiglianza con persone reali, vive o defunte, fatti o luoghi è assolutamente casuale.

1

Effetti sui legamenti del polso quando pesti lime e zucchero di canna per una Caipirinha

12 settembre 2004, ore 02.00

Le due del mattino di un settembre qualsiasi del 2004 e il locale era affollato.

Sara si era versata un dito di whiskey e lo aveva bevuto d'un fiato. Era stanca. Avrebbe voluto essere a casa in compagnia di Merlino e addormentarsi cullata dal suo *ron ron.*

Durante la settimana il locale chiudeva alle due e Filippo, il gestore del bar, le dava volentieri un passaggio a casa, ma al sabato no; avrebbe dovuto aspettare, minimo, un'altra ora. Aveva guardato la comanda e con una smorfia aveva iniziato a preparare dieci Caipirinha. Dieci, cazzo.

Aveva inveito mentalmente contro gli avventori che avevano ordinato il *cocktail;* non per la difficoltà della preparazione, ch'era semplice. La verità era che a furia di pestare il lime insieme allo zucchero di canna si era quasi sputtanata un polso.

Era entrata una comitiva di ragazzi, allegri, da febbre del sabato sera e soprattutto affamati - lo si intuiva dall'interesse con cui sfogliavano la carta dei panini. Aveva scambiato un'occhiata d'intesa con Filippo ed era andata in cucina a controllare i viveri. Pane e focacce a volontà, per fortuna. I ragazzi non avrebbero patito la fame. In cuor suo aveva compatito Giovanna, detta Giò, che avrebbe avuto il suo daffare a sostituire in cucina Antonio, *'O Chef*, ch'era malato.

A Sara piaceva il suo lavoro di barista: lo faceva bene; se le avanzava del tempo libero serviva ai tavoli; le piaceva parlare con le persone, dare consigli sui *cocktail*.

In cucina, però, giurava sul suo cuore ch'era negata. Era negata anche se Davide, un cliente abituale, col quale era in confidenza, aveva sparso la voce che lei era un'artista vera nel preparare l'insalata greca. Quella storia, che avrebbe avuto un talento nel combinare una minchia di *greek salad*, l'aveva messa in difficoltà. «Ma scusa, perché dici questa cosa dell'artista dell'insalata greca? Poi sono io che mi devo scusare coi clienti... la vuoi piantare?» Davide non era riuscito a trattenere una risata. Anche Sara aveva riso, non prima, però, d'averlo mandato amichevolmente a cagare.

Le piaceva Davide.

2

Davide. O anche: le piaceva, Davide

12 luglio 2004, ore 01.30

Davide, sì, le piaceva. Era un bel ragazzo con uno spiccato senso dell'umorismo. Che poi... due mesi prima aveva preso le sue difese quando un cliente su di giri l'aveva infastidita. Forte del suo fisico da giocatore di rugby, aveva preso il maleducato sotto braccio e lo aveva accompagnato fuori dal locale. Poi era rientrato, corrucciato in viso, e Sara si era chiesta il perché.

«Davide, mi spiace, non volevo crearti problemi.»

«Di quali problemi stai parlando? E non fare quella faccia; non è colpa tua, chiaro?»

«Sei un amico, non so come ringraziarti.»

«Be', un modo ci sarebbe...» aveva sorriso sornione.

«Cioè?» l'aveva guardato preoccupata, molto preoccupata.

«Un panino con würstel e crauti, preparato con le tue mani.»

«Davide, lo sai che odio i crauti!»

«Per questo te l'ho chiesto.»

«Va bene capo, e da bere cosa vuoi?»

«Una media chiara.»

Sara aveva messo tutto il suo impegno nel preparare un buon sandwich e c'era riuscita.

L'aveva guardato mangiare di gusto seduto davanti al bancone. «Ti piace?»

«Meglio della tua insalata greca.»

Avevano riso, poi Davide si era fatto serio. «Se qualcuno ti infastidisce dimmelo, siamo intesi?»

Sara aveva annuito. In quel momento Davide le era sembrato Lancillotto pronto a difendere la sua regina. Si era sentita protetta, una sensazione che aveva provato solo da bambina, e solo con il padre. Aveva guardato l'amico con occhi diversi.

Le piaceva, Davide.

3

Sognando Hem

12 settembre 2004, ore 02.10

Erano le due e dieci del mattino e il locale era ancora decisamente affollato. Perfetto.

Dieci cazzo di Caipirinha, hai capito bene amica.

Faceva caldo, col dorso della mano si era scostata una ciocca di capelli che le si era appiccicata sulla fronte, aveva riempito i bicchieri col ghiaccio tritato e aveva versato la cachaça, li aveva riposti sul vassoio e aveva fatto un cenno a Giovanna che stava prendendo le ordinazioni. Brava, Giò, *chef* e cameriera in uno. Così si fa. Così.

La seconda comanda era veloce, deo gratias: tre Daiquiri e due Mojito. Cosa le suonava nell'orecchio destro? *My Mojito in La Bodeguita, my Daiquiri in El Floridita* la celebre frase che Hemingway aveva scritto di suo pugno sulla parete de La Bodeguita del Medio. Il caro vecchio Hem adorato; aveva controllato il succo di lime nel contenitore di vetro; ce n'era ancora a sufficienza e c'era anche la menta, leggermente appassita. Per rinfrescarla aveva messo nell'acqua due cubetti di ghiaccio.

Erano anni che sognava di visitare l'Avana, era stanca di ascoltare i resoconti degli amici. Voleva vedere di persona e respirare l'atmosfera della città che tanto aveva affascinato lo scrittore. Immaginava ancora di sedersi al bancone de La Bodeguita del Medio mentre il fantasma sorridente di Hem le offriva un Mojito.

Purtroppo il viaggio che aveva programmato a Cuba, nei minimi dettagli – guida Mondadori, Touring Club Italiano, e quella francese che non ti viene mai il nome, quel nome strano, onomatopeico – era svanito insieme a tutte le sue certezze. Già.

4

Il lavoro rende liberi

Ottobre 2003

Un anno prima l'azienda dove lavorava, in vista di una ristrutturazione aziendale, aveva aperto una procedura di licenziamenti collettivi. Della serie: così i lavoratori si consolano a vicenda. Molto bene.

Però.

«...» erano arrivati i sindacati e lei era stata eletta delegata.

Francamente. Aveva accettato controvoglia, non si fidava dei suoi colleghi che, tranne pochissime eccezioni, erano un'accozzaglia di qualunquisti e lecca culi (un lecca culo, due lecca culi: il "lecca" rimane invariato, cambiano i culi). La solidarietà era un termine che non esisteva nel loro vocabolario (avevano un vocabolario limitatissimo, per la verità).

L'avevano votata solamente perché temevano di essere nella lista e alla prima occasione l'avrebbero lasciata sola.

Dunque, si era chiesta più di una volta, perché cazzo hai accettato questa sfida? Forse, si era risposta, per dimostrare, non ad altri ma a se stessa, di non avere paura, anche se ne aveva avuta, eccome. Ciononostante aveva preso sul serio l'impegno sindacale, tant'è che dopo tre mesi, al rientro dalle ferie invernali, non aveva più trovato la sua scrivania.

Ecco quello che succede a difendere un branco di lecca culi! Ecco.

Aveva vissuto il licenziamento come una profonda ingiustizia. Negli occhi dei colleghi che si erano salvati aveva letto un misto di vergogna e paura di essere coinvolti, di essere contagiati da un'appestata – lei.

Aveva riflettuto sulla possibilità di attivare la procedura prevista dall'articolo 28 dello Statuto dei lavoratori per condotta antisindacale, ma cosa avrebbe fatto se fosse stata reintegrata? Non aveva più voglia di fare la delegata e di difendere i lecca culi, così l'azienda avrebbe vinto e le avrebbe reso la vita ancora più difficile. Era bruciata, già … bruciata.

E, come se non bastasse, oltre ad aver perso il lavoro, il suo matrimonio, in crisi da tempo, era finito. Be', forse era arrivato il momento di dare una svolta alla sua vita, nonostante la paura, nonostante tutto. Che aveva da perdere?

5

Vita da disoccupata

Gennaio 2004

Aveva accettato il licenziamento. Con i soldi della liquidazione avrebbe tirato avanti fino a quando avrebbe trovato un altro lavoro e a quel punto se ne sarebbe andata di casa. Sapeva che il marito non l'avrebbe aiutata. E così era stato. Luca aveva appreso la notizia della sua estromissione dal mondo del lavoro con indifferenza, mentre sfogliava il giornale, poi le aveva chiesto sarcastico: «Hai ancora intenzione di andartene?»

Certo che sì, pezzo di merda! Sara si era morsa la lingua ed era rimasta in silenzio.

Nei giorni successivi si era imposta di resistere alle provocazioni del marito, che non perdeva occasione per rinfacciarle la perdita del lavoro.

Per compensare la temporanea impossibilità a contribuire al *ménage* familiare Sara si era offerta di occuparsi interamente della casa e di tutte le varie incombenze, ma Luca era stato irremovibile, non voleva spendere nemmeno un euro, proprio così, nemmeno un euro, per il suo mantenimento. Era arrivato al punto di tenere separati nel frigorifero e negli armadietti in cucina i suoi generi alimentari da quelli della moglie. I suoi corn flakes di merda, il latte a lunga conservazione e i suoi succhi d'arancia di infima categoria. A Sara veniva il voltastomaco solo a guardarli, lei che a colazione beveva un caffè e mangiava un frutto.

Dopo una settimana aveva chiamato Franco e si erano dati appuntamento in un'enoteca per un aperitivo. Era arrivata in anticipo, sapeva quanto fosse difficile trovare un buco per l'auto, finalmente aveva parcheggiato la vecchia panda in una stradina laterale e si era seduta a un tavolo all'esterno, riscaldato, proprio di fronte all'edificio dove lavorava l'amico; l'aveva visto uscire e attraversare la strada a passo lento e sicuro. Lui non poteva vederla perché era un miope grave. Aveva un filo di barba curata, sulla punta del naso portava un paio di occhiali con una montatura spessa color tartaruga, in difetto di cinque diottrie.

6

Ricordi di infanzia

Anni '80

Aveva conosciuto Franco nella parrocchia di quartiere. Si incontravano la domenica a Messa (con la maiuscola) e poi all'oratorio.

Lui non giocava a calcio nel campetto polveroso, lei amava giocare a biliardino in attacco e senza osservare le regole; la sua specialità era far *rullare* la stecca e segnare con bolidi imprendibili, cosa che mandava in bestia gli avversari. Lei però non si faceva impressionare, anzi si divertiva un mondo.

Crescendo avevano condiviso la passione per la musica *punk* e più tardi per la politica: sinistra extra parlamentare lei, partito comunista lui, fino a quando Franco si era trasferito a Roma con la famiglia e le loro strade si erano divise. Avevano mantenuto i contatti durante gli anni dell'università, e finalmente Franco era tornato a Milano, aveva trovato lavoro come consulente finanziario e si era sposato con Laura, biologa ricercatrice al CNR, snob e indolente. Mentre lei aveva conosciuto Luca – insegnante di chimica in un istituto tecnico, figlio unico.

Per un po' si erano frequentati con poca convinzione. Sara non si sentiva a suo agio in presenza di Laura, per la diversità di vedute, certo, ma soprattutto per una questione caratteriale. La moglie del suo migliore amico era gentile, ma fredda e compassata, lontana mille anni luce dal suo carattere passionale e irruente. Luca, dal canto suo, non perdeva occasione per contraddire qualsiasi cosa dicesse Franco.

Le serate finivano, inevitabilmente, con discussioni a non finire e ci si congedava con discreto sollievo. Fu così che Franco e Sara, uniti un tempo dalla Messa e dal *punk*, poi coniugati a rispettivi stronza e stronzo, decisero, di comune accordo, e con somma soddisfazione, di vedersi senza i rispettivi moglie e marito. E vissero tutti felici e contenti... Per un po'. Di lì a poco Laura avrebbe perso la testa per un collega di lavoro, sposato e con figli, e si sarebbe separata da Franco.

7

Aspettando Franco per l'aperitivo

15 gennaio 2004, ore 18.00

Il gennaio del 2004 se lo ricordava particolarmente nebbioso, ma quel giorno era stato chiarissimo.

«Sara.»

La voce di Franco aveva sempre avuto il potere di rassicurarla, forse per il timbro profondo e misurato. Si era alzata, per apparire più netta al suo sguardo appannato. Gli aveva spettinato i capelli come faceva da ragazzina e aveva notato qualche capello bianco. *Di già?* Un tuffo al cuore.

«Ehi, ti sei fatto crescere la barba.»

«Ti piace?»

«A dir la verità ti preferisco senza, però devo ammettere che ti dà un tono, sembri un uomo importante.»

«E tu una donna infelice» Franco le aveva preso la mano e Sara non era riuscita a trattenere le lacrime.

Pur essendo affezionata a Franco, non era mai riuscita a raccontargli la verità sul fallimento del suo matrimonio. Temeva il giudizio dell'amico. Semplicemente si vergognava – di se stessa.

«Lo sai che a me puoi dire tutto.»

«Ho paura di farti schifo.»

«E anche se fosse? Sono tuo amico e ho il diritto di saperlo.»

Il ragionamento non faceva una piega. Sara aveva vuotato il sacco, finalmente non era più costretta a recitare una parte. Si sentiva sollevata, molto sollevata, era stato più facile di quanto pensasse.

Franco l'aveva lasciata parlare senza interromperla, e si era messo a riflettere, silenzioso, intenso, con la mano destra chiusa a pugno sulla bocca: «Non è un buon momento per andartene di casa; non hai un lavoro, sei al limite dell'esaurimento. Non puoi farcela».

Sara si era sentita umiliata. A bassa voce, con più rabbia o più sofferenza, non sapeva: «È questa la stima che hai di me?»

Non è carino fratello, cavolo! Non è carino.

«Non fraintendermi, ti sto solo dicendo di aspettare. Affronta una cosa alla volta. Mi sembra di vederti, sola, mentre fissi il vuoto e fumi una sigaretta dietro l'altra. Dammi retta, in fondo, dopo tutto quello che hai passato con Luca, che ti costa aspettare qualche mese?»

«Quello che ho passato… in che senso?»

«Lo sai benissimo. Non crederai che abbia bevuto

le tue giustificazioni del perché di certi lividi.»

«Quindi avevi capito… che vergogna.»

«Qui se c'è qualcuno che deve vergognarsi è tuo marito.»

«Anch'io.»

«Che vuoi dire?»

«Non sono una vittima.»

«Ah no? E chi allora, Luca?»

«Certo che no.»

«Spiegati, per favore.»

«È semplice. Eravamo in due a condurre la partita, sapevo perfettamente che avrei dovuto lasciarlo, ma non volevo, non potevo abbandonare il campo. Era un gioco perverso, al quale nessuno dei due riusciva a sottrarsi. Eravamo come drogati, dipendenti l'uno dall'altra. Mi svegliavo alla mattina e il mio primo pensiero era come mandarlo fuori di testa.»

Franco aveva perso il suo *aplomb* e si era messo le mani nei capelli.

«Cristo, Sara! Perché ti sei tenuta tutto dentro? Ti rendi conto che poteva finire male, perché non mi hai detto nulla?»

«Mi vergognavo, come tu ora ti vergogni di me.»

«Non dire stupidaggini. Mi sento offeso, questo sì, perché mi hai escluso dalla tua vita.»

«Franco vivevamo in un mondo a parte…»

«È proprio questo il punto, avevi perso il contatto

con la realtà e il senso delle proporzioni, se non ti conoscessi penserei...»

«Che sono matta.»

«*Mmm,* be' un po' fuori di testa lo sei sempre stata.»

Franco le aveva accarezzato la guancia come per assicurarsi che lei fosse ancora viva, lì in carne e ossa. In quel momento era arrivato il cameriere con le ordinazioni. Aveva posato sul tavolo due calici di Kettmeir brut e si era allontanato.

«Non ti azzardare» Franco l'aveva fermata con un dito, mentre lei metteva mano al portafoglio.

«Dai, mi fa piacere.»

«Anche a me.»

Sara aveva tentato di replicare ma Franco era stato irremovibile, aveva fatto un cenno al cameriere e pagato il conto.

Avevano sorseggiato in silenzio lo spumante poi lei si era fatta coraggio: «Una sera Luca stava parlando al telefono con la madre, avevamo appena finito di litigare e...»

«Per quale motivo?»

«Se te lo dico mi prendi davvero per matta.»

«Forza, aiutami a capire.»

«Per la finestra del salotto. Lui voleva tenerla aperta e io chiusa.»

«E avete litigato per questo?»

«Sì, per un buon quarto d'ora, poi mi ha dato uno spintone e io ho reagito e la cosa è degenerata.»

«Cazzo Sara!»

«Sta' a vedere che adesso è colpa mia.»

«Non sto dicendo questo, ma perché sfidarlo?»

«Perché no? Spiegami per quale motivo avrei dovuto dargliela vinta!»

«Per una questione di buon senso Sara.»

«Ah, ecco... mi stai dando della stupida.»

«No, dell'incosciente.»

Franco l'aveva fissata con durezza e lei aveva trattenuto a stento un singhiozzo.

«Sara, lo sai che non sopporto vederti piangere.»

«Non sei dalla mia parte...»

«Certo che lo sono! Ma alla tua età dovresti essere un po' più saggia.»

Franco le aveva dato un fazzoletto e un sorriso di distensione e Sara, rinfrancata, aveva sorriso con malizia: «Vuoi sapere come è andata a finire?».

«Immagino non bene per te.»

«Ti sbagli. Quella volta gliel'ho fatta pagare; ho agito di sorpresa.»

«Che vuoi dire?»

Sara aveva letto negli occhi dell'amico un sincero interesse.

«Mentre Luca era al telefono mi sono avvicinata e gli ho sferrato un pugno sull'occhio con tutta la mia forza. Si è piegato in due dal dolore, ma si è trattenuto, perché non voleva farsi sentire dalla madre. Ha alzato la testa e mi ha guardata con odio, io invece gli ho fatto un gran sorriso; godevo nel vederlo soffrire, anzi ti dirò di più: avrei voluto fargli molto più male, per un attimo ho pensato di andare in cucina e prendere un coltello. C'è mancato poco.»

«Menomale che non l'hai fatto.»

«Già, mi sarei rovinata la vita per… niente.»

«Non hai avuto paura della sua reazione?»

«Certo che ne ho avuta! Ho pensato di chiudermi in bagno, ma c'era la possibilità che spaccasse il vetro, l'aveva già fatto in passato e avevo impiegato più di un'ora a raccogliere schegge, si erano infilate dappertutto e Merlino poteva farsi male. Quindi sono andata in corridoio, ho aperto la serratura della porta di casa e l'ho aspettato lì davanti, poi…»

«Vai avanti, ti prego.»

Sara, aveva vuotato la flûte per farsi coraggio. «È uscito dal salotto e si è avvicinato; ero terrorizzata, ma non volevo dargli soddisfazione né fargli vedere che avevo paura. Poi è successa una cosa strana, inaspettata…»

«A questo punto puoi dirmi qualsiasi cosa.»

«Niente di drammatico, semplicemente mi ha guardata come se mi vedesse per la prima volta. Il tempo si è dilatato e sono rimasta sospesa come in un limbo, poi a un tratto se n'è andato. Ho tirato un sospiro di sollievo, non mi sembrava vero. Non ho mai capito cosa gli è passato per la testa in quel momento.»

«Come hai potuto vivere così, per anni?»

«Non lo so. Forse perché i primi mesi con lui sono stati i più belli della mia vita. Ti ricordi com'ero felice?»

«Me lo ricordo, eri raggiante e anche lui era contento. Cos'è successo tra voi due?»

Sara aveva alzato le spalle e sorriso sarcastica: «Ho scopato con un amico di Antonella, conoscevo Luca da poco...»

«Stavate insieme?»

«Anche tu me lo chiedi?»

«Be', mi sembra una domanda legittima.»

Sara aveva sbuffato: «Sì, sì, stavamo insieme, ma non era una relazione consolidata, non so come spiegarti, mi sentivo ancora libera».

«Se l'avesse fatto Luca, come avresti reagito?»

«Mi sarei incazzata.»

«Ah, ecco.»

«Peccato che da quel momento mi ha reso la vita un inferno ed è diventato violento.»

«Lui è un bastardo, sia chiaro: non lo sto difendendo, ma perché sei rimasta con lui?»

«Perché nonostante tutto lo amavo.»

«Hai uno strano concetto dell'amore.»

Sara aveva sospirato. Quante volte aveva fatto la stessa considerazione? Di una cosa era certa: si disprezzava per la sua debolezza, per aver permesso a

Luca di mancarle di rispetto; una parola priva di significato per chi, come lei, aveva visto il rovescio della medaglia.

Era stata sfortunata o aveva semplicemente trovato l'altra metà della mela? Forse Luca aveva solo fatto emergere la parte peggiore di lei, quella violenta, che non voleva ammettere.

Al suo posto Franco avrebbe immediatamente interrotto la relazione, ne era certa, ma lui era una persona razionale e politicamente corretta, lei era l'esatto contrario. Ciononostante Sara aveva una grande considerazione dell'amico e non voleva perdere la sua stima né fargli compassione.

Doveva trovare le parole adatte per spiegargli quello che non era riuscita a spiegare a se stessa. Proprio non sapeva che pesci pigliare. Per sua fortuna era squillato il cellulare di Franco; Sara aveva visto sul *display* il nome della sua ex moglie e gli aveva fatto cenno di rispondere; mentre l'amico era occupato al telefono, col pensiero era ritornata a Luca.

8

Innamoramento e amore... per poco

Gennaio 2000

Solo quattro anni prima aveva toccato il cielo con le dita, convinta di aver trovato in lui il suo ideale: era attratta dalla sua razionalità, forse perché lei non ne possedeva molta. E soprattutto condivideva in pieno le sue idee politiche, di estrema sinistra, naturalmente. A quei tempi Sara non aveva ancora capito la differenza tra dire una cosa e comportarsi di conseguenza. Ai suoi occhi Luca Bigneri era il compagno perfetto. E poi, e poi, lui la riempiva di attenzioni. La sera quando rientrava dal lavoro trovava mazzi di tulipani e violette e biglietti.

Si ricordava ancora la frase che Luca aveva scritto sulla lavagna appesa in cucina: "Grazie per la felicità che mi dai. Ti amo. Per sempre".

Sara aveva impacchettato con delicatezza la lastra d'ardesia e l'aveva riposta in un cassetto nel suo armadio. Se un giorno avesse avuto un dubbio le sarebbe bastato rileggere quelle parole.

Mai avrebbe immaginato che la sua storia d'amore

sarebbe finita così miseramente né che il marito fosse un uomo vendicativo e rancoroso.

Aveva avuto modo di riscontrare in lui alcune rigidità; sicuramente non era una persona facile, ma con lei era affettuoso e dolce. E poi anche lei non aveva un carattere malleabile, quindi che diritto aveva di giudicarlo? Nessuno.

Non aveva voluto cogliere i segnali. Era stata, volutamente, cieca.

Per un po' tutto era filato liscio, poi la loro relazione aveva subito una brusca frenata, quando Sara gli aveva raccontato di essere stata a cena a casa di Antonella, una comune amica. Luca le aveva fatto molte domande sugli invitati, poi le aveva chiesto con noncuranza: «C'era anche Mario?».

«Sì, lo conosci?»

«No, ma so che te lo sei scopato.»

Sara era rimasta in silenzio, smarrita, incapace di reagire e lui ne aveva approfittato per prendere il sopravvento e le aveva fatto il terzo grado. «Quante volte te lo sei scopato?»

Lei aveva tentato di discolparsi. «È successo una volta sola.»

«Ti è piaciuto?»

«Non me lo ricordo, per me non ha significato nulla.»

«Però mi hai mentito.»

«Ci conoscevamo da poco. Ecco perché non te l'ho

detto.»

«Ah sì? A me qualcuno ha riferito il contrario, indovina un po' chi è stato.»

C'era poco da indovinare, Sara aveva chinato la testa, vinta, e Luca aveva infierito: «Antonella, alla festa del suo compleanno, era ubriaca e solo dopo avermelo detto si è resa conto della *gaffe*.»

Sara si era sentita tradita due volte: dall'amica che non l'aveva avvisata e dal marito, che si era comportato per mesi come se non sapesse niente.

Comprendeva la gelosia di Luca perché anche lei lo era, eccome se lo era. Al suo posto, lei, avrebbe reagito in maniera più aggressiva; lo avrebbe minacciato e, perché no? schiaffeggiato. Però avrebbe chiarito la situazione, immediatamente, di certo non avrebbe covato per mesi il rancore e il disprezzo che ora gli leggeva negli occhi; glielo aveva gridato: «Perché ti sei tenuto tutto dentro? Quell'uomo per me non conta niente. La storia di una sera. Punto».

«Se non conta niente perché te lo sei scopato?»

«Non lo so, davvero non lo so. È successo quando sei sparito per una settimana, ricordi? Ero disperata... ho fatto una cazzata. A te non è mai successo?»

«No, perché io do importanza al sesso.»

«Vorresti farmi credere che le donne che ti sei scopato le amavi tutte? Ma fammi il piacere!»

Sara si era versata da bere, aveva la gola arsa, sentiva le tempie pulsare come quando aveva la febbre.

Luca le aveva afferrato la mano con la quale lei teneva il bicchiere, di scatto le aveva gettato l'acqua in faccia, poi l'aveva afferrata per i capelli e l'aveva attirata a sé: «Non sei quella che credevo».

Sara aveva tentato di liberarsi dalla stretta, ma il calice si era rotto. Aveva guardato il sangue colargli dalla mano; era sicuramente un incubo, tra un attimo si sarebbe svegliata e avrebbe tirato un sospiro di sollievo.

L'odore del sangue però era reale, concreto; l'aveva annusato e leccato, aveva un sapore metallico. Aveva guardato Luca incredula, in attesa di un cenno di pentimento, ma lui… era impassibile.

Sara gli aveva appoggiato la mano ferita sul viso lasciandogli delle vistose striature. In quel momento si era resa conto che stava oltrepassando la linea di confine e che tornare indietro sarebbe stato molto difficile.

Si era creato un silenzio innaturale tra loro, il marito le appariva sotto un'altra luce, per la prima volta vedeva il lato oscuro della sua personalità. Forse era arrivato il momento di scoprire il suo, anche se questo avrebbe significato una discesa agli inferi. L'avrebbero affrontata insieme; in fondo si erano sposati per condividere tutto. Perché tirarsi indietro?

Luca le aveva preso la mano e con il pollice aveva premuto sui tagli: «Ti fa male?» le aveva chiesto, con un sorriso beffardo.

Sara aveva cercato di colpirlo con la mano libera,

ma lui gliel'aveva afferrata: «Perché mi fai questo?» aveva sussurrato.

In quel momento Sara aveva letto negli occhi del marito una profonda sofferenza, ne aveva provato compassione e lo aveva implorato di perdonarla.

Lui le aveva sfiorato il viso con le labbra e lei non aveva resistito al richiamo, al desiderio di stringerlo e di graffiarlo al tempo stesso. Avevano fatto l'amore con rabbia e disperazione come se volessero distruggersi a vicenda, come se fosse l'ultima volta.

9

In enoteca con Franco

15 gennaio 2004, ore 19.00

«Sara vuoi bere qualcos'altro?» la voce rassicurante di Franco aveva interrotto i suoi pensieri.

«Eh?»

«A cosa stai pensando?»

«A niente.»

«Ho una proposta da farti.»

«Una proposta di lavoro?»

«Un appartamento.»

«Cosa?» Sara per l'emozione aveva alzato la voce, attirando l'attenzione del cameriere. Per nascondere l'imbarazzo aveva chiesto due calici di spumante, poi aveva ascoltato l'amico con trepidazione.

«Laura deve assentarsi per lavoro e ha bisogno di una persona fidata che si prenda cura delle piante e dia un'occhiata alla casa.»

«Quindi ha bisogno di una persona che ci vada ogni tanto.»

«Ti sto dicendo che puoi andarci a vivere, starà via almeno sei mesi.»

«Ne sei sicuro?»

«Certo, la vedo stasera a cena per le chiavi.»

«Franco, non posso pagarle l'affitto fino a quando non trovo un lavoro.»

«Forse non mi sono spiegato; Laura non vuole soldi, ti dà la casa e tu te ne prendi cura. Mi sembra un'ottima soluzione. O no?»

«Assolutamente sì, però...»

«Però, cosa?»

«Prima mi hai detto che non posso farcela da sola. Hai cambiato idea?»

«Direi proprio di sì, dopo quello che mi hai raccontato.»

Franco aveva alzato il calice e aveva pronunciato le parole che lei voleva sentirsi dire: «Brindiamo alla tua nuova vita». Aveva abbracciato l'amico con le lacrime agli occhi. Finalmente intravedeva uno spiraglio.

10

Animali

15 gennaio 2004, ore 19.15

Dopo aver assorbito la notizia che aveva una casa, si era sentita così profondamente emozionata che, uscita dall'enoteca, aveva rischiato di finire sotto una macchina mentre attraversava la strada. Non aveva notato il semaforo rosso vivo. L'automobilista l'aveva insultata pesantemente e lei si era scusata ben tre volte; il suo possibile omicida aveva deposto l'incazzatura e l'aveva liquidata con un gesto della mano, in segno di distensione.

Forse era questo il segreto, aveva pensato. Riconoscere i propri torti e chiedere scusa. Ma c'erano dei limiti. Chiedere scusa a Luca? Col cazzo. Poteva dimenticare le cattiverie che si erano fatti a vicenda, ma non le minacce a Merlino. Questo non poteva perdonarlo, non voleva.

Ora, però, doveva immaginare la nuova vita che l'attendeva, senza il suo adorato gatto. Era l'unica condizione posta da Laura, per tramite di Franco: niente bestie in giro, nemmeno un canarino o un pesce rosso. Doveva agire con furbizia e soprattutto con cautela – doti che non le appartenevano.

Sospettava che il marito avesse una relazione con un'altra donna, negli ultimi tempi sembrava più rilassato. Aveva preso l'abitudine di uscire a cena e rientrare tardi la sera; spesso si appartava al telefono.

Sara aveva ripensato alle parole che Luca le aveva scritto sulla lavagna pochi anni prima – sembravano secoli. E una punta di tristezza l'aveva assalita; ma se lui la tradiva, c'era un lato positivo.

Ammesso che le sue supposizioni fossero vere, sarebbe stato facile convincere il marito a lasciarla andare via: lo avrebbe abbandonato nelle braccia dell'altra felice e contento. Si sarebbe preso cura del gatto, senza usarlo come arma di ricatto.

11

Ricatto

Settembre 2003

Quattro mesi prima, durante un litigio, Luca aveva minacciato di buttare giù dal balcone Merlino.

Lo avrebbe fatto, senza pentimento, se lei non avesse ceduto, se non gli avesse dato ragione. Sara non ricordava il motivo della discussione; il pretesto non era importante. L'obiettivo di Luca, in quella fase dell'incubo, era annullare la sua volontà, la sua capacità di resistenza. Pur di riuscirvi era disposto a fare qualsiasi cosa, qualsiasi, e l'aveva colpita nel suo lato più esposto.

Aveva preso per la collottola il povero Merlino, che non si era reso conto del pericolo, e l'aveva trattenuto nel vuoto, oltre la balaustra del balcone.

Sara ricordava ogni fotogramma della scena: aveva urlato, si era inginocchiata davanti al marito, lo aveva supplicato di non fare del male al suo piccolo – in cambio avrebbe fatto tutto quello che lui voleva.

Il ricatto era riuscito in pieno. Luca era rientrato in casa soddisfatto, aveva adagiato con cura il micio nella sua cuccia ed era uscito. Sara era scoppiata in lacrime, per la prima volta si era sentita inerme di fronte a quell'uomo che l'aveva in pugno e che non aveva esitato a usare il gatto per colpirla, pur volendogli bene, a modo suo, s'intende, come del resto aveva voluto bene a lei. Era stato lui a portarlo a casa una sera, piccolo e spaurito. Per Sara era stato amore a prima vista e il cucciolo l'aveva ricambiata, la seguiva ovunque.

Il marito forse aveva *bluffato*, o simulato. Come esserne sicuri? Però quell'episodio le aveva aperto gli occhi. Finalmente vedeva Luca per quello che era: un vigliacco senza scrupoli; e lei era stata folle a seguirlo in quel gioco al massacro.

A sua insaputa aveva iniziato a cercare un monolocale in affitto, ne aveva trovato uno completamente ristrutturato, vicino al lavoro. Avrebbe potuto trasferirsi con Merlino nel giro di pochi giorni, ma le avevano chiesto una cifra esagerata. Poi era stata licenziata e aveva dovuto accantonare il progetto.

E ora che finalmente poteva andarsene si sentiva morire all'idea di separarsi dal suo piccolo peloso, ma doveva staccare la spina e allontanarsi da quell'atmosfera mefitica. Nel frattempo avrebbe trovato un lavoro e risolto la situazione, una volta per tutte.

12

Un pub milanese, di nuovo

12 settembre 2004, ore 02.30

«Il tuo preferito» Giò aveva appoggiato sul bancone l'ennesimo foglietto.

Sara aveva dato una rapida occhiata: «No, l'Alexander, no!» aveva esclamato, poi sottovoce: «Chi è che vuole 'sta schifezza?».

«Quello pelato, là in fondo.»

«Digli che ho finito la panna; anzi no, ci penso io, tu vai in cucina ad aiutare Filippo che non ce la può fare, servo io ai tavoli.»

«Sicura?»

«Tranquilla.»

Aveva versato nei bicchieri ghiaccio e limone, e posato sul vassoio cinque lattine di Coca-Cola e tre di Sprite, era andata al tavolo dei ragazzi.

«Quando arrivano i panini… signora?»

Sara aveva guardato basita il ragazzo che le aveva rivolto la domanda; dimostrava a occhio e croce diciassette anni, capelli rasati dietro la nuca, ciuffo spiovente e acne giovanile. In genere i clienti le davano del tu, anche quelli più giovani. Si era sentita vecchia. «Arrivano subito» aveva risposto. Poi si era avvicinata al cliente pelato, un uomo di circa trentacinque anni vestito in modo eccentrico, pantaloni scozzesi sorretti da un paio di bretelle blu che spiccavano su una camicia di lino bianca con incise due iniziali: A.M. «Mi spiace ho finito la panna, gradisce un altro *cocktail*?»

«... un White Russian?» aveva chiesto l'uomo, con aria da intenditore.

«Mi spiace, ho finito la panna.»

«Ah... allora mi porti un Grasshopper.»

«Guardi che anche nel Grasshopper c'è la panna» aveva risposto Sara con tono stizzito.

«Grazie, dell'informazione» aveva risposto il cliente seccato.

Sara aveva cercato di rimediare: «Un Baileys, whiskey e crema di latte?»

«Vada per un Baileys.»

«Con ghiaccio?»

«Come preferisce.»

«Allora con ghiaccio. Glielo porto subito.»

Si era girata per nascondere una smorfia di insofferenza ed era tornata dietro il banco, giusto in tempo per vederlo studiare con attenzione la carta dei *cocktail*. Aveva scosso la testa. «Ci manca solo che mi chieda un *Irish coffee*» aveva mormorato tra sé mentre prendeva il secchiello del ghiaccio.

«Cos'hai da brontolare?»

La voce inconfondibile di Davide. Di colpo le era passata la stanchezza, le faceva sempre questo effetto.

«Vuoi anche tu un Baileys?» gli aveva chiesto con un sorriso a trentadue denti.

«No, fammi un Alexander, che ti viene bene.»

Lei aveva inarcato le sopracciglia, perplessa e dopo una pausa aveva aggiunto: «Te l'ha detto Giò, vero?».

«Lo sai che è una mia informatrice.»

«Te la sei cercata.»

Sara gli aveva arruffato i capelli, e lui - che non gradiva questo genere di attenzioni - non se l'era presa, anzi ne aveva approfittato per prenderle la mano, l'aveva trattenuta tra le sue. «Te li sei fatti sul lavoro?» le aveva chiesto. «Questi tagli.»

Per un attimo il volto di Luca si era sovrapposto a quello di Davide e Sara si era sentita un animale braccato; per nascondere il turbamento si era diretta verso i tavoli in cerca di bicchieri vuoti. Ne aveva recuperati due vassoi pieni e ora si accingeva a infilarli nella lavastoviglie. «No, pulendo i vetri. Non hai idea di quanto siano pericolose le pulizie di casa.»

Aveva preso la bottiglia del suo whiskey preferito: «Il solito?».

Lui aveva assentito e lei gli aveva servito un Bushmills liscio e un bicchiere di acqua.

In quel momento era apparso Filippo, aveva appoggiato un vassoio colmo di panini sul ripiano del banco bar e si era seduto spossato: «Ho bisogno di un *drink*, in cucina si muore di caldo». Aveva guardato Sara sbuffando e lei aveva portato il *cabaret* al tavolo dei ragazzi.

Aveva servito per primo l'adolescente col ciuffo che si era tolto il giubbetto di *jeans* e ora esibiva una *T-shirt* nera con la stella a cinque punti. The Clash.

«Bella maglietta, ne avevo una simile quando ero giovane» aveva sorriso con malizia.

Il ragazzo era arrossito, e aveva balbettato delle improbabili scuse, mentre i compagni ridevano divertiti alle sue spalle.

Sara si era sentita molto materna e in dovere di rassicurarlo: «Non devi scusarti, in effetti potrei essere tua madre». Era tornata dietro il banco.

«Sei la barista più veloce che conosca, fatti dare l'aumento» Davide aveva pronunciato quelle parole con convinzione, lei aveva fatto spallucce, mentre sistemava i bicchieri puliti.

Un aumento? Forse, ma non subito. Provava un senso di gratitudine per quel lavoro che le aveva permesso di mantenersi da sé. E poi...a casa l'aspettavano un gatto e non uno psicopatico.

«Sono la barista più veloce del West e tu sei il cliente che tutte le bariste vorrebbero avere. Fatti pagare.»

Era felice e autonoma, finalmente, grazie anche a Franco, il suo angelo custode.

«Ti vedo contenta. A cosa pensi?» le aveva domandato Davide

«Non sono affari tuoi» aveva risposto lei con un sorriso. Aveva fatto il gesto di impugnare una colt immaginaria e spararargli. «Colpito.»

Le piaceva il suo nuovo lavoro, diverso da quello monotono dell'ufficio. In poco tempo aveva appreso i trucchi del mestiere ed era diventata la mascotte del locale.

La paga non era un granché, considerate le ore di lavoro, però le permetteva di mantenersi, inoltre poteva pranzare e cenare gratis il che costituiva un notevole risparmio. E il pomeriggio lo passava a casa con Merlino.

Quell'anno gli avvenimenti si erano succeduti con una rapidità impressionante e lei si era adattata. Era orgogliosa di se stessa perché, nonostante le difficoltà, aveva affrontato tutte le prove che di volta in volta si erano presentate – e la fortuna l'aveva assistita. Orgogliosa sì, era orgogliosa di se stessa, finalmente.

13

Antonella

15 gennaio 2004, ore 20.00

Di ritorno dall'incontro con Franco – dopo che l'amico le aveva offerto un luogo dove rinascere e leccarsi le ferite – aveva fatto le scale di corsa, e per riprendere fiato si era fermata semi stravolta, eccitata, davanti alla porta della "mia-casa-ancora-per-poco"; la porta era socchiusa. C'era qualcuno nell'appartamento, ma chi? Non poteva essere Luca che puntualmente il giovedì sera cenava dai genitori.

Proprio la settimana prima il vicino aveva subito un tentativo di scasso. Sara aveva provato un tuffo al cuore, il suo primo pensiero era stato per il gatto.

Era entrata guardinga senza fare rumore, aveva percorso il corridoio al buio fino al salotto. Il contatto col pelo morbido di Merlino che si strusciava sulle sue gambe le aveva infuso coraggio, con un sospiro di sollievo lo aveva accarezzato, indecisa sul da farsi, quando aveva udito la voce del marito. Aveva ascoltato in silenzio e quello che aveva sentito l'aveva lasciata di stucco.

«Mamma, non ti ci mettere pure tu, ci pensa già Antonella a farmi una testa così. Fosse per me avrei già chiesto la separazione, ma è rimasta senza lavoro, sarei costretto a pagarle gli alimenti, senza contare che può chiedere l'assegnazione della casa. Come chi me l'ha detto? L'avvocato. Più tardi ti spiego tutto. A proposito, hai preparato il tiramisù? Anto ne va pazza. Perfetto! Siamo lì tra mezz'ora.»

Sara non si era sbagliata, dunque: Luca aveva una relazione con una donna, che già aveva presentato ai genitori; conoscendo il suo carattere doveva essere un legame serio.

Da anni, non intratteneva rapporti con la famiglia del marito; non sopportava la loro invadenza, soprattutto l'astio della madre nei suoi confronti, neanche troppo velato. All'inizio aveva mantenuto un profilo basso, ma non era nella sua natura subire a lungo: durante un pranzo, all'ennesima provocazione, si era alzata da tavola e se n'era andata. Non era più tornata sulla sua decisione e Luca, in quella circostanza, l'aveva sostenuta.

La nuova fidanzata doveva essere la classica ragazza tutta casa e famiglia e lei una moglie cornuta e mazziata. Ecco cos'era!

Si era allontanata senza fare rumore ed era uscita in strada, aveva aspettato fino a quando lo aveva visto salire in macchina e a quel punto era rientrata.

Per festeggiare aveva aperto una scatoletta nuova

ed era rimasta a guardare il suo piccolo peloso che la divorava con avidità, poi aveva aperto il frigorifero e aveva stappato una bottiglia di Berlucchi rinvenuta nello scomparto di Luca; dopo molte congetture era arrivata alla conclusione che doveva trattarsi di un regalo; sicuramente non rientrava nei gusti dozzinali del marito. Si era versata un calice e aveva riso pensando alla faccia che lui avrebbe fatto quando se ne sarebbe accorto.

L'aveva sorseggiato di gusto, seduta sul divano, mentre Merlino, accanto a lei, si leccava i baffi soddisfatto. Finalmente aveva il coltello dalla parte del manico; non sapeva che farsene degli alimenti, il suo unico obiettivo era andarsene di casa e assicurarsi che il gatto sarebbe stato trattato con cura durante la sua assenza.

L'indomani avrebbe fissato un appuntamento con l'avvocato che gli aveva consigliato Franco. Aveva riso e abbracciato il suo micio. Era da tanto che non si sentiva così allegra.

14

Rivalità

Domenica 12 settembre 2004, ore 02.00

Il locale si era svuotato, erano rimasti solo Davide e una donna, seduti sugli sgabelli davanti al banco, anche Giovanna se n'era andata.

«Posso avere una fetta di torta al cioccolato?»

Filippo, intento a fare i conti, aveva alzato le sopracciglia. «Cazzo Davide, non vedi che sono occupato!» e poi a Sara aveva detto: «Dagli 'sta cazzo di torta, per favore».

Sara era andata in cucina e aveva tagliato una grossa fetta della torta di pere e cioccolato, così grossa che fuoriusciva dal piattino. Davide avrebbe apprezzato, Filippo un po' meno, ma per fortuna era occupato a controllare l'incasso della serata e niente poteva distoglierlo.

Aveva fatto cenno a Davide di sedersi a un tavolo già apparecchiato. Lui aveva guardato il dolce. «Vuoi farmi ingrassare, eh? Siediti, fammi compagnia.»

Lei aveva nicchiato: «Devo pulire la macchina del caffè».

Davide aveva tagliato la fetta in due parti uguali. «Siediti, non farmelo ripetere» le aveva detto in tono fintamente burbero.

«È un ordine?»

«Vuoi mangiare 'sta cazzo di torta con me o no?» Aveva guardato Filippo intento a contare l'incasso della serata. «Se la pulisca lui la macchina del caffè.»

Avevano riso complici e Sara si era seduta di fronte all'amico, si era massaggiata il collo.

«Lavori troppo, Stachanov.»

«Secondo te cosa dovrei fare?»

«Fare le cose con più calma, sei troppo schizzata.»

«Davide, per favore, non ti ci mettere anche tu! Non posso farci nulla. È la mia natura, lo capisci?»

«Ok, ok, non ti arrabbiare... tratti sempre così gli amici che si preoccupano di te?»

Sara si era sentita a disagio: «Non sono arrabbiata, sono solo stanca.»

«Lo vedo. Ti va un whisketto?»

«Buona idea.»

Sara aveva fatto il gesto di alzarsi, ma Davide era stato più veloce, le aveva appoggiato le mani sulle spalle con decisione, impedendole di alzarsi. Erano forti e gentili. Le aveva dato un buffetto sulla guancia e lei, senza rendersene conto, aveva appoggiato il viso sulla mano di lui, indugiando un attimo più del dovuto. Poi per darsi un tono aveva detto: «Liscio, grazie.»

«Lo so» aveva risposto lui e si era diretto verso il

banco.

Sara l'aveva guardato di spalle, come se lo vedesse per la prima volta, come si guarda un estraneo. Era alto un metro e ottantacinque, forse qualcosa di più e non si poteva certo dire magro, però era figo, decisamente figo.

Per un attimo aveva rivisto l'immagine esile di Luca, le sue mani magre e nervose, che sapevano fare male. Se Davide avesse alzato le mani su una donna avrebbe potuto ucciderla. Era rabbrividita. Una risata aveva interrotto i suoi pensieri.

La donna seduta al banco stava ridendo con Davide, a ogni sua battuta, rovesciava la testa all'indietro, mettendo in mostra i seni sorretti da un *push up* che si intravedeva sotto il tubino nero che la fasciava. Era appariscente con lunghi capelli rosso Tiziano, ondulati.

A un tratto Sara si era ricordata della confidenza che Antonio le aveva fatto due mesi prima a proposito dell'amico. Glielo aveva descritto come uno sciupafemmine, a suo dire le donne cadevano ai suoi piedi e ridevano a ogni sua battuta, ansiose di assecondarlo.

Sara non aveva dato peso al quel discorso ma, col senno di poi, doveva ammettere che il cuoco aveva ragione.

In quel preciso istante Davide le sembrava diverso dall'immagine del ragazzo semplice e amichevole che l'aveva sedotta sin dal primo incontro. Le appariva come un qualsiasi donnaiolo da strapazzo, palesemente compiaciuto di attirare l'attenzione della sua interlocutrice, sembrava, inoltre, molto interessato alla sua scollatura.

Sara aveva provato una gelosia sorda. *Non hai mai visto due tette? Imbecille.*

Si era concentrata sulla sua fetta di torta per darsi un tono.

«Non hai fame?»

Sara si era girata di scatto, Davide aveva appoggiato i bicchieri sul tavolo e si era seduto.

«Non molta» poi a bassa voce «ti piace?»

«Chi?»

«La ragazza con cui stavi parlando prima.»

«Si, non è male, perché?»

«Niente, semplice curiosità, non pensavo ti piacesse quel tipo di donna.»

«Perché non piace a te?»

Sara si era sentita punta sul vivo, Davide le aveva toccato un nervo scoperto e lei si era esposta. Aveva bevuto un sorso di whiskey e con tono polemico aveva replicato: «I gusti degli uomini sono diversi da quelli delle donne, è risaputo».

«Può darsi... buona questa torta» le aveva sorriso in segno di distensione. «Ti accompagno a casa?»

«Grazie, mi accompagna Filippo» e subito dopo si era pentita di averlo detto.

Aveva bevuto l'ultimo sorso di whiskey, aveva

preso i piatti vuoti ed era andata in cucina giusto in tempo per vedere Filippo e la donna coi capelli rossi che parlavano piano, seduti davanti al bancone, lui le aveva appoggiato la mano sul ginocchio.

Per togliersi dall'imbarazzo aveva iniziato a pulire la macchina del caffè, ma Filippo l'aveva interrotta: «Ci penso io Sara, non preoccuparti» poi rivolto a Davide: «Puoi darle un passaggio?».

«Certo» aveva risposto lui prontamente, poi rivolto a Sara: «Quando vuoi».

«Grazie, posso chiamare un taxi» aveva risposto gelida.

«A quest'ora impiego cinque minuti, non ti fidi della mia guida?»

«Non voglio disturbare, tutto qui.»

Era intervenuto Filippo spazientito: «Ve ne andate o no?»

Il messaggio era fin troppo chiaro. Sara era andata in bagno e mentre si lavava le mani si era guardata allo specchio, era pallida, senza trucco, insignificante, forse aveva bisogno di fare qualche lampada.

Probabilmente Davide avrebbe preferito accompagnare la donna coi capelli rossi - lei era una seconda scelta. Una seconda scelta, cazzo.

Doveva ammettere che Luca non le aveva mai dato motivo di essere gelosa. Nonostante i suoi difetti, era un uomo serio e – per quel che ne sapeva – non si era mai interessato alle altre donne, finché il loro matrimonio aveva funzionato. Col senno di poi, però, forse non sapeva molto del marito.

«Sara, vado a prendere la macchina, ti aspetto fuori.»

«Bene.» Si era aggiustata una ciocca di capelli ed era uscita, aveva salutato Filippo che aveva risposto con un cenno distratto della mano, quella libera. La rossa le dava le spalle. Ti accontenti di tutto, aveva pensato.

15

In macchina con Davide

Domenica 12 settembre 2004, ore 02.30

Fuori piovigginava, una pioggerellina tiepida sulla pelle.

Sara aveva annusato l'odore dell'asfalto bagnato, mentre il gestore abbassava la saracinesca del locale. Le piaceva il silenzio e la tranquillità della notte. Di lì a poche ore le persone si sarebbero svegliate e riversate nelle strade, nel caos di sempre, mentre lei, forse, avrebbe iniziato a sognare.

Una vecchia Mini Cooper si era fermata davanti al pub, Davide si era sporto dal finestrino e le aveva fatto un cenno con la mano, aveva aperto la portiera.

«Avevo parcheggiato lontano, non volevo che ti bagnassi.»

«Sei gentile.»

Lui aveva imboccato il viale alberato con decisione.

«Devi prendere la prima a destra e poi...»

«So dove abiti.»

«Ah sì?»

«So molte cose di te» aveva risposto continuando a

guidare.

Sara era rimasta in silenzio, a disagio, mentre sentiva crescere dentro di sé una sorda irritazione. Non aveva niente da nascondere, ma era gelosa della sua vita privata e non sopportava le intromissioni; Davide l'aveva intuito: bastava guardarla negli occhi, anche solo per un attimo.

«Sara, sto scherzando, so dove abiti perché me l'ha detto Filippo mentre eri in bagno. Tranquilla.»

«Guarda che io sono tranquilla» aveva risposto acida.

«Non mi pare, hai una faccia.»

«Sono stanca, tutto qui.»

«Ok, ok, scusa.»

Davide le aveva dato un buffetto sulla guancia, il secondo della serata. Stavolta Sara si era guardata bene dall'incoraggiarlo e gli aveva lanciato un'occhiataccia.

«Si può sapere cos'hai?» Davide era arrivato davanti al portone di casa, aveva spento il motore e la guardava perplesso.

«Niente.»

«All'improvviso hai cambiato umore.»

«Secondo te dovrei ridere ad ogni tua battuta, come qualche cretina.»

«Di chi stai parlando?»

«Hai capito benissimo.»

«Veramente no.»

«Sto parlando della ragazza coi capelli rossi.»

«Ma chi, Antonella?»

Non può essere... un'altra Antonella. Una vera ossessione!

«Ah, la conosci...»

«Eravamo compagni alle medie.»

«Amici?»

«Perché me lo chiedi?» l'aveva guardata con sospetto.

«Così, semplice curiosità, grazie del passaggio» aveva balbettato confusa ed era scesa dalla Mini. Aveva aperto il portone, senza voltarsi. Sulle scale aveva sentito la macchina sgommare, si era fermata sul pianerottolo a riflettere, il volto tra le mani per la vergogna.

Era gelosa di Davide senza averne alcun diritto. C'era qualcosa di profondamente sbagliato in lei; gli anni passati con Luca a farsi del male l'avevano cambiata, in peggio. Si era chiesta il perché di certe reazioni immotivate, soprattutto con le persone a cui teneva di più e Davide era in cima alla lista.

Era entrata in casa, subito accolta dai miagolii festosi di Merlino. L'aveva preso in braccio e mentre accarezzava il suo lucido manto nero da mago gli aveva promesso una compagna, non appena avesse trovato un lavoro stabile.

Aveva versato nella ciotola dei bocconcini di merluzzo lessati, che aveva preparato nel pomeriggio;

l'aveva posata sul tavolo appena in tempo per vedere Merlino che, con un grugnito, si apprestava a ingurgitare il manicaretto.

Si era infilata nella doccia ed era rimasta a lungo sotto il getto dell'acqua, quasi a voler cancellare la brutta figura fatta con Davide.

Si era comportata nel peggiore di modi. Aveva rovinato tutto, come al solito.

Aveva ripensato alle sue mani grandi e forti e alla sensazione che aveva provato quando lui l'aveva trattenuta per le spalle. Avrebbe voluto abbandonarsi, e sentirle sul viso, sul collo, su tutto il corpo. All'improvviso aveva avvertito una contrazione al basso ventre che le aveva tolto il respiro, fino a quando lo spasmo si era sciolto, lasciandola esausta.

Si era infilata l'accappatoio e si era sdraiata sul letto, mentre il volto di Davide a poco a poco diventava sfocato, poi era scivolata nel sonno.

16

Anticipi di autunno

Domenica 12 settembre 2004, ore 11.00

Un leggero pizzicore al naso l'aveva svegliata, aveva aperto gli occhi mentre Merlino si strusciava, senza ritegno, contro il suo viso. In quel momento era suonata la sveglia, si era seduta sul letto sbadigliando mentre il gatto correva in cucina, miagolando con insistenza.

I risvegli di Sara erano lenti; aveva bisogno di tempo per carburare, ma il suo piccolo peloso non glielo permetteva. Si era alzata a fatica; era andata in cucina a preparargli la pappa.

Era una giornata grigia e l'aria satura di umidità prometteva pioggia.

Aveva acceso il gas sotto la caffettiera e si era guardata intorno. Non le era mai piaciuto quell'appartamento pieno di brutti ricordi. Col tempo forse si sarebbero attenuati e la presenza opprimente di Luca, che ancora aleggiava nell'aria, sarebbe svanita.

Avrebbe potuto vivere tra quelle mura senza fantasmi. Pienamente padrona della sua vita. Tutta intera, per così dire.

Il caffè, che gorgogliava nella moka, aveva interrotto e spazzato via ogni pensiero malinconico. L'aveva versato in una tazza, piena di riconoscenza, e ne aveva annusato l'aroma.

Le lancette dell'orologio appeso alla parete segnavano le undici, aveva dormito sette ore. Fissava la chicchera mentre Merlino, soddisfatto, si leccava i baffi. La domenica era il giorno più bello perché lei iniziava il lavoro alle nove di sera. Aveva tutto il tempo per fare un pisolino, ancora; si era stirata e aveva accarezzato il felino sulla testa. Era tornata in camera da letto seguita dal gatto. Avevano giocato finché si erano addormentati.

Il suono del telefono l'aveva svegliata. Dall'altra parte del filo la voce concitata di Filippo: «Ciao Sara, puoi venire alle sei?».

«Alle sei? Ma... è il mio pomeriggio libero.»

«Lo so, quello stronzo di Mauro mi ha dato *forfait* all'ultimo minuto.»

«Mauro…?»

«Un barista che lavora in un altro locale.»

«Ah… e allora?»

«Sei sveglia? »

«Veramente stavo dormendo. Di cosa stai parlando?»

«Di un compleanno, una cinquantina di persone. Ti do cinquanta euro. Ok?»

«*Mmm*... va bene, però stasera mi accompagni a casa alle due, ho bisogno di dormire.»

«Certo, anche prima. A proposito, tutto ok ieri con Davide?»

«Sì, perché?»

«Niente, a dopo. Ah, ce l'hai un vestito decente?».

«Cosa?»

«Questa gente se la tira un po', se ce l'hai bene, altrimenti come non detto.»

Filippo aveva chiuso la comunicazione senza darle il tempo di rispondere, come al solito.

Aveva guardato Merlino: «Cinquanta euro ci fanno comodo, che dici?».

Aveva fatto uno spuntino leggero giusto per calmare il languore; si sarebbe rifatta dopo la festa di compleanno e poi forse avrebbe visto Davide. In genere passava dopo cena, per un caffè, e ricompariva dopo la mezzanotte, a volte anche più tardi. Si era sempre chiesta dove andasse la sera.

Il resto del pomeriggio l'aveva passato leggendo *Il giovane Holden*[1] mentre Merlino sonnecchiava sul divano al suo fianco.

Dopo la doccia aveva aperto l'armadio, indecisa su cosa indossare, qualcosa di elegante, ma pratico e comodo. Avrebbe avuto il suo daffare con cinquanta persone in vena di bere gratis.

Aveva optato per un vestito nero di maglina, corto,

---

[1] Romanzo di J.D. Salinger.

con scollo intrecciato; un ciondolo di agata verde avrebbe completato la *mise,* e un filo di trucco non avrebbe guastato. Aveva disegnato un filo di *kajal* intorno agli occhi e passato sulle ciglia il mascara. Il rossetto l'avrebbe messo all'ultimo momento. Si era guardata allo specchio soddisfatta mentre un immaginario Davide la guardava ammirato e aveva provato un brivido di piacere.

17

Lavoro straordinario

Domenica 12 settembre 2004, ore 17.40

Il cielo si era rasserenato e una leggera brezza aveva preso il posto dell'afa opprimente del mattino, Sara si era diretta verso la stazione della metropolitana di Piazzale Udine.

Aveva fatto appena in tempo a salire sul vagone un attimo prima che il conducente chiudesse le porte. Era vuoto.

Un pannello pubblicitario aveva attratto la sua attenzione: "Vita da cicala? Tanto poi c'è l'*outlet*. Funerali completi da € 1.499".

«Iettatori!» aveva mormorato a fior di labbra, poi aveva fatto il gesto delle corna, con la mano sinistra, ed era scesa alla fermata di Piazzale Piola, non prima di aver rifatto le corna, così, per sicurezza.

Era arrivata in anticipo. Voleva assicurarsi che tutto fosse a posto. Le piaceva preparare gli attrezzi del mestiere in bell'ordine e vedere *shaker, strainer, stirrer, e mixing glass* luccicare.

Dietro al banco Filippo stava riempiendo una caraffa di purea di fragole, dalla cucina proveniva un tramestio di pentole e padelle e una voce di uomo che cantava *Reginella*[2]. Segno che "*O' chef*" era presente. Filippo aveva alzato lo sguardo: «Che figa!» aveva esclamato, poi a voce alta aveva chiamato il cuoco: «Antonio vieni un po' a vedere chi è arrivata».

Un uomo in sovrappeso con folti capelli grigi, fasciato da una giacca bianca da cuoco, si era affacciato dalla cucina: «Chi è 'sta bella *guagliona*?» rivolto a Filippo.

«Ciao Antonio, sei guarito?»

«Insomma... ho avuto problemi di pressione e il medico mi ha messo a dieta, c'*aggia fa*?»

«Niente, che devi fare? Quello che ti dice; ti ha dato le medicine?»

«E ti pare che i medici non ti danno le medicine? Vabbè, io torno in cucina. A proposito Sara, vuoi mangiare?»

«Grazie Antonio, ho pranzato, magari più tardi.»

«Ma quale pranzo...avrai mangiato un panino, al massimo. Dimenticavo, Rosaria ha fatto la pastiera che ti piace tanto; te ne ho portata una fetta.»

«Ringrazia tua moglie Antò, *si nu babbà.*»

«*E tu si nu zucchero.*» Antonio aveva sorriso compiaciuto ed era tornato con incedere lento in cucina, come un re che si ritira nelle sue stanze.

---

[2] L'autore della canzone *Reginella* è Libero Bovio.

Filippo, nel frattempo, era uscito dal locale e parlava concitato al cellulare. Sara si era chiesta con chi stesse parlando, forse con la ragazza dai capelli rossi? L'amica delle medie...

Sara aveva preso possesso del banco. Aveva controllato le bibite nel frigorifero, i liquori, i succhi e la frutta. C'erano pesche, arance, limoni e lime in quantità. E stranamente c'era anche la menta. Stavolta Filippo non aveva dimenticato niente, tranne la panna, ma si era ben guardata dal dirglielo; finalmente se qualcuno avesse chiesto un Alexander non avrebbe avuto bisogno di mentire.

Un uomo abbronzato in compagnia di Filippo era entrato nel locale. Indossava una Lacoste bordeaux e un paio di bermuda blu scuro sicuramente di marca. Aveva appoggiato i gomiti sul banco: «Ciao, come ti chiami?»

Sara aveva alzato le sopracciglia. Era intervenuto Filippo: «Sara questo è Massimo, il festeggiato».

Massimo le aveva preso la mano e gliel'aveva baciata: «Sei bellissima Sara» aveva bofonchiato, alticcio.

«Grazie, vuoi un caffè? Stavo giusto per farne uno per me.»

Senza attendere risposta Sara si era riappropriata del proprio arto. Aveva guardato Filippo che aveva allargato le braccia, rassegnato.

L'altro imperterrito aveva proseguito: «Qual è il tuo *cocktail* preferito?».

«Manhattan» aveva risposto lei, trattenendo il riso.

«Fanne due, brindiamo al mio compleanno.»

Sara l'aveva guardato divertita. L'uomo era ubriaco ma non molesto e tutto sommato simpatico.

«Rye o Canadian?»

«Eh?»

«Il Manhattan, lo preferisci con Rye o Canadian?»

«Quello che vuoi tu». Massimo aveva fatto il gesto di riprenderle la mano, ma Sara era stata più veloce. Aveva versato una goccia di angostura insieme al ghiaccio nel *mixing glass*, due terzi di Canadian whisky e un terzo di Martini rosso, aveva mescolato il tutto e filtrato con lo *strainer* nelle coppette ghiacciate. Come ultimo tocco aveva aggiunto una ciliegia al maraschino. Con un cenno della mano lo aveva invitato a bere il *cocktail*.

Lui per quanto alticcio aveva seguito attentamente ogni suo movimento, rapito. «Super!» aveva esclamato. Lei aveva alzato la coppetta: «Buon compleanno Massimo».

Lui aveva bevuto d'un fiato e ora la guardava estatico, completamente ubriaco: «Perché non ti ho conosciuto prima?».

Sara era stata al gioco, aveva appoggiato i gomiti sul ripiano del banco e si era protesa, appena un poco: «Forse era destino».

«Se ti dico una cosa non ti offendi?»

«Spara.»

«Sei una gran figa Sara, credo di essermi innamorato di te.»

Si era appoggiato al banco per sostenersi, le aveva preso la mano e gliel'aveva baciata: «Cosa fai dopo il lavoro?».

Sara aveva provato compassione, l'aveva guardato, come si guarda un cucciolo: «Lavoro, lavoro e poi lavoro ancora».

Era intervenuto Filippo prima che il cucciolo potesse replicare e lo aveva accompagnato al tavolo mentre gli ospiti arrivavano a piccoli gruppi.

Per Sara erano state tre ore di fuoco. Gli invitati si erano scatenati, avevano fatto a gara a chi beveva e mangiava di più. Fortunatamente non avevano gusti precisi in fatto di *cocktail* ed era stato facile per lei pilotarli ottimizzando i tempi. E soprattutto nessuno si era sentito male né aveva vomitato nel bagno.

L'incasso doveva essere stato notevole perché Filippo era allegro e affabile come non mai. Si era offerto di sostituirla al banco per dare modo a lei e Antonio di mangiare.

Sara aveva apparecchiato un tavolo e Filippo aveva stappato per loro una bottiglia di Lugana. Antonio aveva portato in tavola *cous cous* di verdure, frittata di zucchine e melanzane in carrozza.

«Che cosa hai mangiato oggi?»

«Un panino.»

«Lo sapevo, tu mangi troppo poco.»

«Queste melanzane sono la fine del mondo.»

«Sono contento che ti piacciano. Tu mi dai sempre soddisfazione.»

«Perché sei un grande cuoco Antonio. A volte mi chiedo che ci stai a fare in questo posto; sei sprecato.»

«E tu che ci stai a fare, eh? Pure tu sei sprecata, mangia, va', bella di papà.»

Antonio le aveva appoggiato sulla testa le nocche delle dita serrate a pugno.

«No, la *carocchia* no, mi fai male!»

«Ti ho appena toccata» Antonio la guardava sconcertato e lei aveva provato un senso di profonda gratitudine per quell'uomo che la trattava come una figlia.

Si era affezionata ad Antonio che le ricordava il padre, anch'egli napoletano. Le piaceva sentirsi dire: "Bella di papà". Erano parole piene di dolcezza e lei ne aveva proprio bisogno. Ora però doveva rassicurarlo: «Scherzavo Antonio, non mi hai fatto male, piuttosto spiegami come fai a fare la *carocchia*».

«Tuo padre non te l'ha insegnato?»

«Antò, no! *Che t'aggia dicere…* non me l'ha insegnato.»

«Allora, stammi a sentire: devi fare il pugno con la mano, destra o sinistra, come ti viene più comodo, poi con le nocche della mano, soprattutto quella del dito medio, dai un colpetto alla base della testa e poi strusci, appena, appena. Tutto qua, ma devi fare piano, altrimenti rischi di fare male.»

«E se volessi fare male?»

«A chi? Non ne sei capace.» Aveva alzato il calice: «Alla tua salute».

«Alla nostra Antonio.»

In quel momento erano entrati un uomo e una donna, si erano guardati intorno circospetti, poi una voce femminile aveva chiesto: «È qui la festa?».

Era intervenuto Filippo: «È finita, sono andati via tutti, ma il locale è aperto, se volete accomodarvi».

«Volentieri, posso avere un Margarita?» aveva risposto la donna e subito dopo aveva accarezzato la mano del compagno che sembrava contrariato «il tempo di bere una cosa e poi andiamo, tu cosa vuoi caro?»

«Un caffè.»

«Tesoro, è l'ora dell'aperitivo…»

«Se insisti…prendo un prosecco.»

Si erano seduti, lui palesemente a disagio, fissava le pareti del locale, lei, rilassata lo guardava con occhi adoranti: «Carino questo locale, non trovi? Dovremmo venirci più spesso».

In quel momento era apparso Filippo con un vassoio; aveva appoggiato sul tavolo il Margarita e il prosecco accompagnato dagli stuzzichini avanzati dalla festa.

«Buoni! Complimenti al cuoco» aveva esclamato la

donna.

Antonio si era girato di tre quarti e aveva abbozzato un sorriso di circostanza, poi aveva ripreso a mangiare.

D'un tratto Sara aveva riconosciuto la voce di Antonella e aveva fissato la coppia, incredula, incapace di articolare un suono.

«*Nennella,* che ti succede, hai visto un fantasma?»

Antonio le aveva preso la mano, la guardava preoccupato.

«È Luca» aveva bisbigliato.

«Ma chi, quello *ziracchio*?»

La battuta di Antonio aveva allentato la tensione, Sara aveva respirato profondamente: «Sì, proprio lui e quella è Antonella, la sua fidanzata. Era mia amica».

«*Ihh,* che bell'amica… gli hai detto che lavori qui?»

«No, figurati! Non voglio che mi vedano.»

«Secondo me non ti hanno riconosciuto, sei di spalle. Se vuoi uscire lo dico io a Filippo, tanto a quest'ora non c'è lavoro.»

«E se quelli decidono di passare qui la serata?»

«In quel caso ti chiamo.»

Sara, il volto tra le mani, aveva sussurrato: «Ho paura».

«E di che? Sono loro gli intrusi.»

La voce di Antonio aveva un tono minaccioso, anche il suo sorriso, solitamente gioviale, era diverso, beffardo, quasi cattivo. Sara si era chiesta quale sarebbe stata la reazione del cuoco se avesse saputo la verità sul loro matrimonio.

«Antonio, per favore, stai tranquillo, non voglio creare problemi a nessuno, tanto meno a te.»

«Io sono tranquillissimo Sara, però deciditi, o te ne vai adesso o li affronti.»

«Ecco l'accoppiata vincente!» Davide si era materializzato e come sempre aveva catalizzato l'attenzione, ora Sara non aveva più voglia di scappare.

Lui senza fare complimenti aveva dato una sonora pacca sulla spalla di Antonio: «Come stai capo?» poi aveva guardato Sara «disturbo?»

«Affatto» aveva risposto lei invitandolo a sedersi.

Antonio aveva fatto il geloso: «E a me non lo chiedi? Chi sono io, il figlio della serva?».

«Tu sei il cuoco per eccellenza» aveva risposto Davide, facendogli l'occhiolino.

«E tu sei un paraculo, siediti e serviti da bere, paga Filippo.» Antonio si era guardato intorno, poi a bassa voce, aveva alzato il calice: «Alla faccia di chi ci vuole male».

Davide l'aveva guardato stupito: «Ce l'hai con me?»

«Davide, *statte zitt.*»

Era intervenuta Sara. «Non ce l'ha con te, ce l'ha con quei due».

«Ma chi? Il tipo magrolino e Miss Tacco Venti Centimetri?»

«*Sccc,* zitto che ti sentono.»

Sara aveva appoggiato la mano sulle labbra di Davide per impedirgli di replicare e lui ne aveva approfittato per baciargliela.

«Che è 'sta confidenza?»

Era intervenuto Antonio, tra il serio e il faceto, aveva guardato prima Davide e poi Sara, che era arrossita: «*Nennella,* non ti fidare di questo *guaglione*».

«Grazie per la considerazione, capo.»

«Davide, non ho niente contro di te, anzi mi stai pure simpatico, ma la ragazza è sotto la mia protezione. Non so se mi sono spiegato» Antonio gli aveva restituito la pacca sulle spalle, con gli interessi.

«Cazzo, mi ha vista» Sara aveva intercettato lo sguardo di Luca che la fissava sconcertato.

«Si può sapere di cosa state parlando?»

Davide aveva guardato i due in cerca di una risposta che non era arrivata. Aveva osservato la coppia che si dirigeva verso l'uscita. L'uomo prima di scomparire si era girato e aveva sorriso in modo indecifrabile.

Sara si era alzata e aveva iniziato a sparecchiare, aiutata da Antonio.

«Un caffè?» aveva chiesto a Davide per sottolineare la fine della conversazione.

«Grazie, lo prendo al banco, non ti disturbare.»

Lei lo aveva guardato con un sorriso di riconoscenza e si era avviata verso il bancone, mentre Filippo, al riparo dagli sguardi, percorreva il cortile in lungo e in largo parlando nervosamente al cellulare.

«Chi era quell'uomo?»

«Di chi stai parlando?»

«Del tipo che è appena uscito, quello magro che ti ha sorriso.»

«Tutti sorridono alla barista, dovresti saperlo.»

«Vero, ma tu sei impallidita.»

«Io?» Sara aveva alzato la voce senza rendersene conto, perfino alle sue orecchie risultava stridula, ma non poteva fare diversamente, era più forte di lei. Davide, ora, le sembrava un intruso che voleva entrare nella sua vita, nel suo passato, un vissuto di cui lei non andava fiera, ma che non poteva dimenticare come un marchio che ti rimane sulla pelle, per sempre.

«Sara, sono stufo dei tuoi cambiamenti di umore.»

Sara si era massaggiata le tempie, cercando di mantenere il controllo: «Ascolta, oggi era il mio pomeriggio libero e invece ho lavorato come un mulo. Ho preparato *cocktail* per una banda di ubriaconi e ora mi aspettano altre cinque ore di lavoro. Sono stanca, lo capisci? Stanca!»

Era uscita dal pub senza riflettere, aveva tentato di accendersi una sigaretta: era riuscita solo al terzo tentativo, tanto le tremavano le mani. Si sentiva braccata, da Luca, da Davide, dalla vita.

Davide aveva guardato il cuoco che aveva assistito alla scena: «Antonio, si può sapere cos'ha Sara e chi erano quei due?»

«Lascia perdere.»

«Non ti fidi di me?»

«No, cioè sì, ma lo sai com'è Sara...»

«Altroché se lo so, hai visto come mi ha trattato?»

«Non ce l'aveva con te.»

«E con chi allora, con quei due?»

«Io non ho aperto bocca.»

«Forse ha bisogno di aiuto.»

«Te l'ha chiesto lei?»

«Figurati! Non è il tipo, ma sono sicuro che c'è qualcosa che la preoccupa.»

«Se te lo dico prometti di tenere la bocca chiusa?»

«Antonio, dai, dovresti conoscermi.»

«Era il marito con la fidanzata, la sua amica.»

«Amica di chi?»

«*Maronna*, Davide! Non capisci proprio niente. Il marito si è fidanzato con l'amica di Sara.»

«Povera Sara... e lei è ancora innamorata?»

«Di quel fetente? Non credo proprio.»

«Lo conosci?»

«No, ma i fetenti li riconosco a prima vista e quello ce l'ha scritto in fronte.»

«Antonio, io vorrei aiutarla, ma non so come fare, a volte è davvero insopportabile.»

«Ti piace, vero?»

«Questo non ti riguarda. Scusa, ma devo andare, ci vediamo.»

Davide era uscito dal locale senza guardare Sara, era salito in macchina ed era partito in gran fretta.

Sara l'aveva seguito con la coda dell'occhio e aveva provato rammarico e gelosia. Ne era sicura: Davide aveva una fidanzata, ed era con lei che trascorreva la sera, prima di presentarsi da solo al pub, ben dopo la mezzanotte.

Si era infilata in bagno per sciacquarsi il viso ma, guardandosi allo specchio, si era trattenuta. Per non rovinare il trucco si era tamponata il viso evitando gli occhi. Che cosa vuoi veramente? si era chiesta. La voce concitata di Filippo in cortile l'aveva distolta da quel pensiero ed era rientrata nel locale dietro al banco.

Aveva guardato l'orologio: le nove e mezza. Mancavano più di quattro ore alla chiusura e lei avvertiva già la sua mancanza. Il pub stava diventando una gabbia, doveva trovarsi un altro lavoro e dimenticare Davide, senza contare che Luca ora sapeva dove lavorava. Si sentiva più che mai vulnerabile.

«Ciao Sara, scusa il ritardo. Filippo?» Il viso di Giovanna ricoperto di efelidi esprimeva una certa preoccupazione.

«Tranquilla non c'è ancora nessuno e Filippo è in cortile da un pezzo.»

«Menomale, l'ultima volta mi ha fatto un cazziatone, a volte è proprio stronzo.»

«Per fortuna oggi ha altro a cui pensare. Caffè?»

«Grazie, sto cascando dal sonno. Ho studiato tutto il giorno e domani ho l'esame di sociologia.»

«Perché non gli hai chiesto la serata libera?»

«L'ho fatto e mi ha risposto picche. Ah, dimenticavo mi ha fatto gli auguri per domani.»

«Che uomo gentile! Almeno ci pagasse i contributi. Facciamo così, a mezzanotte te ne vai, ti sostituisco io.»

«Grazie Sara, sei un tesoro.»

Giovanna si era sporta in avanti, l'aveva abbracciata con foga e Sara si era liberata, ridendo, dalla stretta. «Sono arrivati dei clienti, vai a prendere le ordinazioni.»

L'aveva guardata trotterellare ai tavoli con le sue gambe grassottelle, il suo caschetto di capelli biondi e la sua maglietta attillata che le fasciava il seno, ignara delle occhiate che i ragazzi le lanciavano.

E tu com'eri a vent'anni? Si era chiesta, senza riuscire a darsi una risposta. Era diversa, così tanto da non riconoscersi.

18

Perdere la perfezione

Gennaio 2000

Un millennio prima, in realtà solo quattro anni prima, aveva abitato in un monolocale, sola e indipendente. Fino a quando aveva conosciuto Luca, che a trentaquattro anni viveva ancora a casa dei genitori e vi sarebbe rimasto, se non l'avesse incontrata.

Da quel momento, la presenza del futuro marito era diventata parte della sua vita quotidiana e, tutto sommato, la cosa non le dispiaceva. Era felice. Aveva un lavoro, una casa, e ora anche l'amore. Si sentiva amata e desiderata. Quasi perfetto.

E per paura di perdere la perfezione aveva ceduto alle pressioni di Luca di vivere insieme. L'aveva guardato con una punta di preoccupazione quando lui si era trasferito a casa sua e aveva riempito l'armadio con i propri vestiti, i cassetti con la sua biancheria intima perfettamente stirata.

Aveva commesso il primo errore, solo ora se ne rendeva conto con lucidità straziante.

Aveva perso qualcosa a cui non avrebbe voluto rinunciare, non con quei tempi.

Erano comunque stati mesi felici, i più belli della sua vita, fino a quando Luca le aveva proposto di comprare insieme un appartamento più grande e in una zona meno periferica.

Lei aveva temporeggiato. Aveva provato a spiegargli che non era pronta, ma lui, risentito, era sparito per due giorni senza una spiegazione. Fino a quando Sara aveva ceduto per la seconda volta e commesso il secondo errore.

Erano andati insieme a vedere quella casa, Sara non ne era rimasta entusiasta – era vecchia e in penombra, la luce del sole la illuminava per poche ore al mattino – ma costava poco ed era vicino alla scuola dove Luca insegnava.

Sara aveva chiesto un prestito in banca e Luca ai suoi genitori. L'avevano acquistata, e dopo due mesi erano andati a viverci. Non avrebbe mai immaginato che sarebbe diventata l'inferno della loro lotta. Dio mio.

Luca aveva scelto la piccola stanza adiacente la camera da letto e l'aveva adibita a studio. Era stata proprio Sara a suggerirglielo: «Finalmente potrai preparare le lezioni e correggere i compiti con tranquillità».

Avevano comprato la maggior parte dei mobili all'Ikea e insieme si erano divertiti a provarne la disposizione nelle camere.

Ma Luca non era soddisfatto, la convivenza non gli bastava, evidentemente, e un sabato sera di ritorno dal cinema le aveva chiesto a bruciapelo: «Perché non ci sposiamo?».

Sara aveva provato un senso di fastidio ma non l'aveva dato a vedere, aveva sorriso imbarazzata e senza guardare negli occhi Luca aveva risposto: «Perché mai dovremmo? Il matrimonio è un'istituzione borghese e noi possiamo farne a meno. Stiamo bene così».

Le era sembrato che un'ombra fosse passata sul viso di lui, che però non aveva replicato. Sara avevo dedotto che il capitolo del matrimonio fosse chiuso. Si sbagliava.

Luca non si arrendeva facilmente. Aveva sondato il terreno prima di affondare il colpo, ecco quello che aveva fatto. D'altra parte, era riuscito a farle accettare la convivenza, l'aveva portata ad acquistare casa. Col tempo l'avrebbe convinta anche a sposarsi, col rito civile, ovviamente.

La strategia era chiara – ma non a lei – e la tattica, sempre la stessa. Era diventato taciturno e sfuggente, fino a quando un giorno Sara aveva preteso delle spiegazioni. L'aveva spinto verso il muro con la mano e le si era parata davanti: «Hai un'altra?».

«Non dire sciocchezze.»

«Allora perché mi tratti così?»

«Così come?»

«Lo sai benissimo. Ti comporti come se non esistessi, senza contare che è più di un mese che non facciamo l'amore. I casi sono due: o hai un'altra o non mi ami più!»

«Sei tu che non mi ami abbastanza.» Luca si era divincolato ed era uscito di casa. Non era rientrato quella sera e nemmeno il giorno dopo e aveva spento il cellulare.

Sara aveva passato quella notte e la domenica successiva a piangere, nemmeno la compagnia di Merlino riusciva a calmarla; sicuramente Luca era a casa dei genitori e lei non voleva correre il rischio di parlare con la madre.

Il giovedì successivo aveva preso un giorno di ferie e si era presentata davanti alla scuola dove insegnava Luca. Si era truccata per nascondere le occhiaie e aveva indossato l'abito a fiori che lui le aveva regalato per il compleanno.

L'aveva visto uscire insieme a un collega che però era salito in macchina; Luca aveva proseguito a piedi e imboccato la strada di casa, poi aveva aperto il portone.

Era proprio come pensava, Luca dopo la scuola trascorreva il pomeriggio in casa e poi se ne andava prima del suo ritorno. Bene. L'avrebbe affrontato una volta per tutte anche a costo di perderlo.

Aveva percorso lentamente i quattro piani di scale. Per forza costava poco quella dannata casa, non aveva l'ascensore! E i condomini tirchi non volevano spendere soldi per installarlo.

Luca non poteva averla sentita, ma Merlino sì, nonostante fosse stata attenta a non fare il benché minimo rumore. Era lì davanti alla porta ad aspettarla. L'aveva accarezzato frettolosamente e lui, insoddisfatto, l'aveva rincorsa per il corridoio miagolando.

«Che ci fai qui?» Luca era apparso sulla porta dello studio.

«Dobbiamo parlare.»

«Perché non sei al lavoro?»

«Dimmi la verità.»

Lui aveva sbuffato ed era rientrato nello studio; aveva radunato dei fogli e aveva cominciato a infilarli nella borsa di pelle.

Sara era entrata e si era richiusa la porta alle spalle, vi si era appoggiata contro.

«Non puoi trattarmi così, non ti ho fatto niente.»

«Questo lo dici tu. Sei talmente superficiale che non ti accorgi di...»

«Di cosa? Spiegamelo, dunque!»

«Ho lasciato i miei per vivere con te, ti rendi conto?»

«E allora? Guarda che non mi hai fatto un favore, semmai il contrario. A trentaquattro anni è piuttosto strano vivere ancora con i genitori...»

«Se sono rimasto con i miei è perché sono vecchi e mia madre è malata.»

«Tua madre sta benissimo! Ha solo il colesterolo alto come un terzo del pianeta. Comunque non sono qui per parlare di lei né delle schifezze che mangia.»

«Fammi uscire.»

«No. Fino a quando non mi dici cos'hai.» Gli aveva preso il volto tra le mani: «Se non mi ami più dimmelo. Tranquillo, sopravvivrò».

La voce le si era incrinata, non era riuscita a trattenere le lacrime e il mascara si era sciolto.

Luca aveva preso un fazzoletto e le aveva asciugato gli occhi. «Perché ti sei truccata? Non è da te.»

«Volevo essere carina, ho paura di non piacerti più.»

Lui si era intenerito e l'aveva abbracciata: «Certo che mi piaci».

«Sei innamorato di un'altra?»

«No, come potrei?»

«Allora perché ti comporti così?»

«Perché tu non mi ami abbastanza.»

«Sei impazzito? Sai che farei qualsiasi cosa per te.»

«Allora spiegami perché non vuoi sposarmi.»

«Te l'ho detto perché il matrimonio è...»

«Un'istituzione borghese? Tutto quello che fai è borghese, lavorare è borghese, acquistare una casa è borghese!»

«Lavorare è una necessità, quanto alla casa, sei tu che hai insistito.»

«Proprio non vuoi capire.»

«Cosa c'è da capire? Spiegati.»

«Se davvero mi ami sposiamoci oppure ognuno per la sua strada.»

Se n'era andato. Dopo tre giorni Sara gli aveva mandato un messaggio sul cellulare: "Va bene". Aveva commesso il terzo tragico errore.

19

Dopo tanto tempo, sola

30 gennaio 2004, ore 16.30

Quanta luce, invece. Quanta luce c'era il giorno nel quale si era trasferita a casa di Laura!

Era un giorno limpido, come solo l'inverno può offrire. Franco le aveva mostrato l'appartamento. Era grande, luminoso e pieno di piante.

«Avrai il tuo da fare a curarle.» aveva sogghignato Franco.

«Sarà un piacere e mi terranno compagnia.»

Lui era rimasto in silenzio, incupito, e lei gli aveva letto sul viso una sincera apprensione. Per un istante aveva ricordato le parole dell'amico: "Sei al limite dell'esaurimento. Non puoi farcela".

«Franco, non preoccuparti per me, vedrai che me la caverò.»

«Ok, però per qualsiasi cosa chiamami, promettilo.»

«Lo farò, te lo prometto.»

Si erano abbracciati, poi Franco era uscito e lei era andata alla finestra, l'aveva osservato mentre cercava le chiavi nella tasca dei pantaloni e apriva la portiera della macchina.

Non poteva averla vista, eppure si era girato verso di lei, l'aveva salutata indugiando un attimo più del dovuto. Lei aveva fatto un cenno con la mano ed era rimasta a guardare l'auto allontanarsi finché era scomparsa dalla sua vista.

Era sola, dopo tanto tempo, e non le sembrava di avere paura checché ne dicesse Franco.

20

A casa di Laura

30 gennaio 2004

Per giorni, si era divertita a visitare la sua nuova dimora nei più piccoli meandri. Aveva due camere da letto, un salone con una grande libreria a vista, uno studio e ben due bagni. La cucina, invece, era decisamente al di sotto delle aspettative, ma di questo Sara non avrebbe certo sofferto.

Aveva scelto la camera degli ospiti e disposto nell'armadio vuoto i suoi effetti personali, poi si era seduta sul divano, e aveva esclamato: «Benvenuta Sara!».

Si era ambientata subito e la solitudine non le era pesata, tutt'altro: si sentiva tranquilla e quasi felice, se non fosse stato per la mancanza di Merlino.

L'avvocato al quale si era rivolta le aveva vivamente sconsigliato di tagliare i ponti con l'appartamento che condivideva con Luca; a suo parere, Sara avrebbe dovuto chiedere l'assegnazione della casa e gli alimenti fino a quando non avesse trovato un lavoro.

«L'appartamento l'abbiamo comprato insieme,

non sarebbe giusto» aveva mormorato Sara.

«Non capisco perché si fa tanti scrupoli, signora – suo marito non se li farebbe. Ci pensi con calma, io sono qui per ogni evenienza.»

L'aveva accompagnata alla porta e aveva ribadito: «Non lasci la casa a meno che la situazione non diventi insostenibile». Aveva pronunciato le parole lentamente mentre guardava le cicatrici sulla mano di Sara. Aveva capito, dunque.

Quando Sara aveva comunicato al marito l'intenzione di andare a vivere per qualche mese a casa di Laura, Luca era parso sorpreso: «Ti vedi con qualcuno?» aveva chiesto con tono inquisitorio.

«No. E tu hai una nuova fidanzata?» Sara l'aveva guardato con intenzione.

«Io? Figurati» si era chinato ad accarezzare il gatto e lei aveva approfittato del suo imbarazzo per definire i dettagli. Luca aveva accettato di buon grado di prendersi cura di Merlino. Non era mai stato così condiscendente, così arrendevole.

21

Quattro mesi di tranquillità

Da febbraio a maggio 2004

Mentre viveva a casa di Laura aveva trovato lavoro come cameriera in una trattoria sui Navigli. Serviva i pasti durante la pausa pranzo agli impiegati e agli operai che lavoravano in un cantiere poco lontano, e nel pomeriggio faceva le pulizie a casa di una arzilla signora di novant'anni, perfettamente lucida e autosufficiente.

Nonostante l'età, aveva pochissime rughe, sicuramente era stata molto bella in gioventù. Sara un pomeriggio non si era frenata e gliel'aveva detto, poi aveva aggiunto, incoraggiata dal sorriso di Amelia: «Chissà quanti cuori ha infranto».

«Anche a me l'hanno infranto. A volte penso di aver sprecato troppo tempo con gli uomini.»

Sara era rimasta in silenzio e la vecchietta aveva rincarato la dose: «Tu ne hai perso fin troppo; non fare il mio stesso errore. Fai qualcosa per te stessa.»

«Ci sto provando.»

Si era affezionata ad Amelia.

Franco le aveva proposto di andare in vacanza a

Monterosso dove aveva affittato un appartamento insieme ad alcuni amici.

La proposta era allettante, senza contare che in agosto la trattoria chiudeva i battenti e Amelia trascorreva i mesi estivi in una casa per anziani in collina.

Ciononostante non riusciva a decidersi. Qualcosa le diceva di aspettare e comunque Franco non le avrebbe fatto fretta.

In occasione del suo compleanno, Sara l'aveva invitato a cena.

Aveva passato il pomeriggio della domenica ai fornelli. Aveva consultato un libro di ricette e preparato una pasta fredda con pomodorini, mozzarella e olive taggiasche, e delle polpette di zucchine, melanzane e patate. Per *dessert* una torta al cioccolato.

Ce l'aveva messa tutta, non avrebbe potuto fare di meglio. Per sua fortuna Franco mangiava di tutto, era una garanzia.

Dopo cena lui le aveva proposto di andare a bere un *drink* in un locale che aveva aperto da poco, vicinissimo a casa di Laura.

Sara aveva accettato volentieri e mentre l'amico era al telefono con l'ex moglie aveva indossato l'abito a fiori, regalo di Luca, e un paio di decolleté beige. Si era guardata allo specchio, per un attimo era stata sul punto di sfilarselo, ma la voce di Franco che la chiamava le aveva fatto cambiare idea, in fondo non le stava male, anzi, doveva ammettere che le donava.

Era tornata in sala e aveva letto sul viso dell'amico un'espressione contrariata.

«Qualcosa non va?»

«Bel vestito.»

«Non hai risposto.»

Lui si era stiracchiato. «Usciamo, ho voglia di camminare.»

«Di' la verità, i miei manicaretti ti hanno stroncato, eh?»

Avevano riso ed erano usciti, era una bella serata di maggio e l'aria era tiepida.

Franco si era fermato davanti a un locale.

«È questo.»

Sara aveva guardato l'insegna: «Alterego... carino come nome.»

Aveva sbirciato attraverso i vetri smerigliati, inutilmente.

«Entriamo» aveva detto Franco, mentre le apriva la porta.

Le pareti del pub erano ricoperte da pannelli in legno color ciliegia, così come le sedie e i tavoli illuminati da una luce soffusa che proveniva da diversi punti luce. In fondo c'era un enorme bancone dotato di sedili e di un poggiapiedi in ottone, con un angolo adibito alla spillatura delle birre. Dietro al bancone, un'ampia vetrina per l'esposizione dei liquori.

«Ti piace?»

«Sì, è accogliente.»

Si erano seduti e una ragazza alta e molto magra dai lineamenti marcati e i capelli castani era venuta a prendere le ordinazioni.

Sara aveva adocchiato la carta dei vini ma Franco l'aveva preceduta: «Ora tocca a me, è il mio compleanno» aveva aggiunto con un tono che non ammetteva replica. Si era appoggiato alla sedia e le aveva detto: «Laura rientra prima del previsto, te la senti di tornare a casa?».

Sara aveva deglutito a fatica, poi, cercando di nascondere il turbamento, aveva risposto con voce ferma: «Devo».

In quell'istante era apparsa la cameriera e Franco aveva ordinato una bottiglia di Ferrari.

«Comunque Laura tornerà non prima di una settimana, se non sei pronta puoi venire da me.»

«Grazie, ma non posso rimandare il problema all'infinito. Questi mesi mi sono serviti per riflettere. Ora finalmente so cosa devo fare, grazie a te, al tuo aiuto.»

«Non c'è niente da ringraziare, sei sicura?»

«Sicurissima.»

Per poco la voce non l'aveva tradita, ma fortunatamente Franco, impegnato a pagare il conto alla cameriera, non se n'era accorto.

A essere sincera non si sentiva affatto sicura, la sola idea di dover affrontare Luca e tornare nella casa che era stata il teatro del suo peggiore incubo la terrorizzava.

Circa un mese prima, di ritorno da una commissione che Amelia le aveva affidato, Sara si era trovata nelle vicinanze della sua ex casa e non aveva resistito alla tentazione di vedere il suo gatto. Aveva aperto la porta con trepidazione e lui aveva miagolato di felicità. «Amore della mamma» aveva bisbigliato, poi l'aveva preso in braccio e annusato e infine gli aveva aperto una scatoletta.

Mentre il felino era impegnato a divorare il suo pasto, se n'era andata con la morte nel cuore, non prima di aver scritto un biglietto per Luca: «Passavo da queste parti e sono salita a salutare Merlino, gli ho già dato la pappa».

Lui ne aveva fatto una tragedia, senza una vera ragione. Al telefono l'aveva accusata di aver sottratto la foto coi genitori che lo ritraeva nel giorno della sua comunione e le aveva intimato di non permettersi mai più di entrare in casa senza avvertirlo.

«Sei impazzito? Cosa vuoi che me ne freghi della foto coi tuoi genitori?»

«E cosa mi dici della bottiglia di champagne che era nel frigorifero?»

«Champagne? Che cazzo dici? bevi solo del prosecco da ulcera!»

«Non ti azzardare mai più a entrare in casa senza avvisarmi, chiaro?»

Chiaro, oh sì! Il messaggio era fin troppo chiaro. Sara aveva ripensato alle parole dell'avvocato: "Non lasci la casa..."

Aveva trascorso il resto della serata fingendo un'allegria che non aveva.

22

Ultimi giorni a casa di Laura

Dal 27 maggio al 2 giugno 2004

Aveva vissuto l'ultima settimana a casa di Laura, seduta sul divano di finta pelle, leggendo l'*Ulisse* di Joyce, incapace di concentrarsi, senza capirci nulla. In realtà anche in passato non aveva capito granché.

Un pensiero fisso non la abbandonava.

Era arrivato il momento di dare una svolta definitiva alla propria vita. Tornare e chiedere la separazione, ma prima di tutto voleva, doveva, chiarire il capitolo casa.

Che Laura tornasse prima del previsto, forse era un segno.

23

Ritorno a casa

3 giugno 2004, ore 15.00

Luca non sembrava scontento di rivederla, anzi ne aveva approfittato per parlarle della sua nuova fidanzata. «La conosci bene – è Antonella, la tua amica.»

L'aveva guardata con un sorriso cattivo, ma Sara non gli aveva dato soddisfazione, non aveva raccolto la provocazione, aveva fatto scena muta; Franco l'aveva messa al corrente un mese prima e lei aveva avuto tutto il tempo per ingoiare il rospo.

Aveva sofferto per il tradimento dell'amica, ma non per quello di Luca: il tempo trascorso a casa di Laura l'aveva aiutata a fare chiarezza sui propri sentimenti e, ora, era sicura di non amarlo più né di provare attrazione. Anzi, forse era arrivato il momento di prendersi qualche soddisfazione.

«Sono contenta per voi.»

«Davvero non sei arrabbiata?»

«Perché dovrei? Acqua passata e poi anch'io ho un fidanzato.»

Era un *bluff*, in realtà aveva avuto una storia senza

importanza con Renato, il barista che lavorava nella palestra che frequentava da due anni; aveva pagato la quota annuale l'estate prima, ed era determinata a sfruttarla fino alla scadenza.

Renato frequentava l'ultimo anno di medicina e non perdeva occasione per dare consigli a Sara su cosa mangiare e cosa bere, inoltre aveva preso troppo sul serio i loro incontri ed era diventato insistente. Da quel momento Sara si era dileguata nel nulla.

D'altra parte era una sua prerogativa, quella di scappare. Magari avesse usato la stessa tattica con il suo fottutissimo ex marito, con lui, invece, c'era cascata. Quando si dice l'amore...

24

Una piccola rivincita

3 giugno 2004, ore 15.15

«Ah... da quanto?» Luca aveva pronunciato le parole, contrariato, e Sara aveva capito che era ancora geloso di lei; aveva provato un piacere sottile nell'affondare il coltello nella piaga.

«Da due mesi.»

«Perché non me l'hai detto?»

«Non pensavo ti interessasse.»

«Lo conosco? »

«No.»

«Che tipo è?»

«In che senso?»

«Mi assomiglia?»

«Non direi.»

Sara si era ricordata le parole del padre: «Figlia mia, sei proprio sicura di volerlo sposare? È triste, magro, sembra denutrito». Lei l'aveva guardato indispettita e lui aveva cercato di rimediare: «Guarda che non lo sto giudicando, lo conosco appena, però...»

«Però cosa?» aveva reagito.

«Potresti trovare di meglio.»

Sara aveva sorriso ripensando a quella battuta. *Avevi proprio ragione, papà.*

«Mi mancava il tuo sorriso» Luca le aveva sfiorato la guancia e lei non aveva potuto trattenere un sussulto, di disgusto, che il marito aveva frainteso, infatti le aveva preso la mano e con un sorriso complice le aveva detto: «In fondo siamo ancora sposati... no?».

D'istinto Sara aveva sentito il bisogno di scappare, ma si era trattenuta. Voleva la rivincita e per quanto Luca gli facesse ribrezzo aveva deciso di stare al gioco. Era rimasta seduta di fronte a lui fingendo di essere turbata. Lui ci era cascato in pieno e le aveva confessato: «Con nessun'altra donna ho fatto l'amore come con te. Mi manchi».

«Davvero?»

«Lo sai benissimo.»

«Cosa dovrei sapere?»

«Fra noi due c'è sempre stata un'intesa particolare e ci sarà sempre.»

«E Antonella?»

«Antonella ha un carattere docile, a differenza tua; per questo sto con lei.»

«Fammi capire… mi stai dicendo che io ti vado bene solo per scopare, è corretto?»

Ma chi cazzo ti credi di essere!

«Non devi essere gelosa di lei.»

Era veramente troppo. La recita stava diventando difficile, troppo difficile; ci voleva un vaffanculo, sì proprio un vaffanculo, ma c'era sempre il discorso sulla casa da definire. Sara si era stupita di se stessa, era sempre stata irruenta e proprio per questo motivo l'aveva sempre preso in quel posto... metaforicamente, s'intende. Forse era arrivato il momento di essere più saggia – o forse più opportunista? Davvero non lo sapeva, comunque fosse, era meglio essere cauta.

Si era alzata, fingendo umiliazione e sofferenza e chissà che altro, mentre lui la guardava soddisfatto di se stesso.

Col cazzo che te la do, stronzo.

Era uscita di casa e finalmente in strada aveva dato sfogo ai suoi sentimenti. Aveva riso, riso e riso ancora di quell'uomo che, purtroppo, era ancora suo marito. A quel punto aveva smesso di ridere ed era entrata in un bar. Aveva ordinato un Rossini e si era seduta a riflettere. Era arrivata al punto di sperare che la sua ex amica convincesse Luca ad andare a vivere insieme. Chi l'avrebbe detto...

25

Separati in casa

10 giugno 2004, ore 19.30

Sara si era sistemata nel salotto, anche se Luca rimaneva spesso fuori la notte. Il divano letto era decisamente scomodo, ma non voleva dare alcun appiglio al marito per litigare. Inoltre doveva ammettere che le sue neanche tanto velate *avances* l'avevano impensierita.

Era passata una settimana esatta dal suo rientro a casa, e finalmente era arrivato giovedì, Sara già pregustava la serata in compagnia di Merlino perché con la puntualità di un orologio svizzero Luca sarebbe andato a cena dai genitori.

«Finalmente soli» aveva sorriso al felino accoccolato sul divano; in quel momento aveva sentito suonare alla porta, era andata ad aprire e si era trovata di fronte il marito insieme alla sua nuova fidanzata – ed ex amica – Antonella.

Sara era rimasta con la bocca aperta incapace di articolare un suono. Era intervenuto Luca a toglierla dall'imbarazzo, bontà sua: «Ho dimenticato una cosa e mi spiaceva far aspettare Anto in macchina e poi...

lei aveva una gran voglia di salutarti. Spero non ti dispiaccia».

Sara aveva abbozzato a fatica un sorriso; in realtà le si era quasi bloccata la mandibola. Era decisamente una situazione imbarazzante, surreale, tanto valeva stare al gioco. «Tutt'altro» aveva risposto al marito senza degnarlo di uno sguardo, poi rivolta alla sua ex amica: «Accomodati».

Fai come se fossi a casa tua, tanto...

Lei per tutta risposta le aveva gettato le braccia al collo. «Sara, tesoro» aveva esclamato e l'aveva baciata sulla guancia, il bacio di Giuda. Un classico. Per staccarsi da quella cozza, Sara l'aveva invitata in cucina, mentre Luca si era infilato nel suo studio.

«Uno spumantino?»

Antonella aveva annuito e si era seduta al tavolo, dando le spalle al muro: un'abitudine, quasi una nevrosi dalla quale, evidentemente, non riusciva a liberarsi. Sara ricordava che due anni prima, in occasione del compleanno di Luca, l'amica aveva avuto una discussione con il cameriere che aveva riservato loro un tavolo al centro del locale. Si era rifiutata di sedersi, anzi aveva chiesto ai vicini di fare il cambio. Malgrado la loro iniziale perplessità era riuscita a convincerli. Solo allora Antonella si era seduta soddisfatta, nessuno più poteva pugnalarla alla schiena. Sara aveva riso in quella circostanza, le sue stranezze la divertivano, mentre Luca le aveva fulminate entrambe con un'occhiata furente.

Aveva stappato la solita bottiglia di prosecco scadente rinvenuta nello scomparto del marito, l'aveva versato nei calici e si era seduta di fronte alla sua ex amica che per l'occasione esibiva un nuovo taglio di capelli a caschetto color nero corvino, con riflessi blu. Doveva ammettere, suo malgrado, che la nuova acconciatura le donava, le addolciva i lineamenti del viso e poi… si capiva che era innamorata. Dallo sguardo.

Sara aveva provato invidia e, insieme, disprezzo e pena. Per fronteggiare quel tumulto di sentimenti si era alzata con la scusa di dover ritirare i panni stesi sul balcone, aveva respirato profondamente poi era rientrata di nuovo, padrona della situazione.

Antonella nel frattempo aveva svuotato il bicchiere d'un fiato e ora guardava la bottiglia con desiderio.

«Vuoi qualcosa da mangiare?» aveva chiesto Sara mentre le riempiva nuovamente la *flûte*.

«No, grazie, mi aspetta una cena dai suoi… sono così noiosi.» aveva sbuffato.

«Noiosi? Insopportabili» Sara aveva volutamente calcato la mano, e comunque lo pensava, davvero.

«Meno male che tu mi capisci! Sapessi quanto mi sei mancata Sara.»

A me no.

Per un attimo aveva provato compassione per la

sua ex amica, forse avrebbe dovuto metterla in guardia da Luca, ma proprio in quel momento lui si era affacciato alla porta e aveva suonato il richiamo: «Tesoro, vogliamo andare?».

Sara, senza rendersene conto, si era girata verso Luca, aveva riconosciuto il tono dolce con cui si era rivolto alla sua ex amica, lo stesso che aveva usato con lei tanto tempo prima. E pensare che lei aveva amato quella voce e le aveva creduto. Pazzesco.

Li aveva accompagnati alla porta e l'aveva chiusa a doppia mandata. Non li voleva più nella sua vita.

26

Nella tela del ragno

11 giugno 2004, ore 14.30

Il giorno dopo Luca era ritornato a casa nel pomeriggio, insolitamente allegro e amichevole.

«Grazie per ieri sera.»

«Di che?» Sara aveva smesso di lavare i piatti.

«Sono contenta che tu e Antonella vi siate chiarite.»

«Bene! Ora siamo contenti in tre.»

Sara aveva pronunciato le parole senza guardarlo mentre appoggiava i bicchieri sullo scolapiatti.

«Lo dici come se ti dispiacesse» Luca le aveva messo una mano sulla spalla e lei aveva provato un bruciore insopportabile. Si era girata verso di lui: «Per niente, solo vorrei che tutto fosse chiaro tra noi».

«Per me è tutto chiaro.»

«Anche per me, ma Antonella cosa vuole?»

«Beh, lei vorrebbe… che io mi decidessi.»

«Ha ragione.»

«Tu non avresti niente in contrario?»

«No, rimane solo il problema della casa.»

«Posso comprare la tua parte.»

«Per me va bene, però devi darmi il tempo di trovare una sistemazione stabile. Nel frattempo posso andare da un'amica, ma fino a quel momento devi prenderti cura di Merlino.»

«Non se ne parla: fuori tu, fuori il gatto.»

Non era cambiato, era sempre il solito figlio di puttana.

Sara si era avvicinata. Il volto di Luca era vicinissimo al suo: «Ascoltami bene, stronzo: fai il bravo o chiedo l'assegnamento della casa e gli alimenti, capito?».

Luca era rimasto in silenzio e se n'era andato. Sara si era chiesta per l'ennesima volta come aveva potuto amare quell'uomo e per l'ennesima volta si era vergognata di se stessa. Era decisa ad andare fino in fondo pur di liberarsene.

Era sparito per tre giorni, per sua fortuna. E alla fine era tornato, ravveduto e ragionevole. Antonella *docet*.

Luca le aveva fatto una controproposta: «Perché non compri tu l'appartamento?».

«Dipende da quanto vuoi.»

Alla fine si erano accordati. Sara si era impegnata a versargli un acconto pari alla liquidazione percepita dall'azienda e il rimanente importo in rate mensili oltre agli interessi. Non era un accordo favorevole, ma era l'unico modo per recidere definitivamente il cordone ombelicale.

27

Finalmente la libertà

15 giugno 2004, ore 21.55

Aveva chiamato Franco per festeggiare e si erano dati appuntamento dopo cena all'Alterego, il locale vicino a casa di Laura. Sara era arrivata leggermente in anticipo, davanti alla porta del locale aveva notato un cartello: "Cercasi cameriera".

Lavorare in un pub? Non ci aveva mai pensato. D'altra parte nemmeno di fare la cameriera in una trattoria o la donna delle pulizie. Già. Era un'idea da prendere in considerazione.

«Sei qui da molto?»

«No, sono appena arrivata» aveva sfoderato un sorriso smagliante per l'amico Franco: «Davanti a te hai una donna libera» aveva fatto una piroetta su se stessa.

«Entra, muoio dalla curiosità.»

Avevano parlato per tutta la serata della uscita di scena di Luca. Franco aveva avuto una smorfia di disappunto quando Sara gli aveva raccontato dell'accordo che prevedeva il pagamento degli interessi sulle rate mensili da versare al marito: «Perché non ti sei rivolta all'avvocato? Capisco dargli la sua parte, ma anche gli interessi ogni mese, è veramente troppo. Deve ringraziare Dio di avere trovato te. Un'altra, al posto tuo, l'avrebbe spennato come un pollo.»

Sara aveva sorriso: «Lo so, ma è l'unico modo che ho per liberarmi di lui.» Aveva sorseggiato lo spumante: «Non voglio più vederlo» aveva appoggiato il calice vuoto sul tavolo con decisione.

Franco aveva appoggiato la mano destra chiusa a pugno sulla bocca come faceva sempre quando rifletteva, sembrava combattuto: «Non è giusto, però se questa soluzione ti fa stare bene, ti capisco, ma come pensi di pagargli le rate?»

«Devo trovare un altro lavoro.»

«Un terzo?»

«Non lo so, magari potrei provare qui. Ho visto che cercano una cameriera.»

«Stai scherzando, vero?»

«Per niente. Credi sia più divertente fare le pulizie o la cameriera in una trattoria?» aveva sbuffato ironica.

«Non volevo dire questo, però...»

«Però cosa?»

«Non deve essere facile lavorare di notte, dovrai cambiare i tuoi ritmi, stravolgere la tua vita.»

«Franco! È già stravolta, da un pezzo.»

«Guarda che posso anticiparti le rate fino a quando non trovi un lavoro decente.»

«Lo so e ti ringrazio, ma voglio cavarmela da sola e poi prima o poi qualcuno risponderà alle mie domande di lavoro.»

«Non mi avevi detto di aver spedito dei curricula.»

«Forse l'ho dato per scontato, comunque ne ho spediti parecchi in questi mesi.»

«Hai fatto benissimo, vedrai che dopo l'estate ti chiameranno. Nel frattempo sai che puoi…»

Lei lo aveva interrotto: «Contare su di te. Lo so».

Si era girata verso la ragazza con i capelli castani e aveva indicato i calici vuoti: «Può portarne altri due?».

28

La notte porta consiglio

16 giugno, ore 03.00

Erano quasi le tre del mattino e non riusciva a prendere sonno quando improvvisamente si era ricordata dell'annuncio che aveva visto sulla porta del pub. Si era ripromessa di passarvi il giorno dopo e finalmente si era addormentata.

Nel pomeriggio era tornata all'Alterego, il cartello era ancora appeso. Era entrata titubante nel locale, a quell'ora vuoto e buio; dietro al banco c'era un uomo di circa quarant'anni dalla carnagione pallida, stava sistemando alcune bottiglie di vodka e gin. Aveva alzato lo sguardo svogliato, rivelando due occhi grigi, freddi, e aveva mormorato senza convinzione: «Buongiorno».

«Buongiorno a lei, mi chiamo Sara, ho visto il cartello, c'è ancora bisogno di una cameriera?»

L'uomo l'aveva guardata con attenzione: «Sì».

«Ecco, guardi, non ho mai lavorato in un locale, ma faccio la cameriera in un ristorante.»

«Be', non è proprio la stessa cosa.»

«È vero, ma sono veloce, mi metta alla prova.»

Lui l'aveva squadrata da capo a piedi e, senza guardarla in faccia, aveva recitato come un mantra: «L'orario è da mezzogiorno alle tre del pomeriggio e poi dalle nove di sera alle due del mattino, al venerdì e al sabato anche più tardi».

«Non ho l'automobile» aveva balbettato Sara.

«Se abita vicino, posso accompagnarla.»

«Perfetto e la... paga?»

«Seicento euro, per cominciare. Ah, può pranzare e cenare gratuitamente, però alla sera deve venire prima.»

Sara aveva fatto due rapidi calcoli. Il guadagno non sarebbe stato granché, ma di sicuro le condizioni erano più vantaggiose rispetto al lavoro in trattoria e alle pulizie in casa di Amelia. Avrebbe risparmiato tempo, trasporti e cenato gratis.

«Per me va bene.»

Lui l'aveva squadrata attentamente: «Possiamo provare, Sara; venga martedì prossimo alle dieci e mezza così le spiego cosa deve fare».

Le aveva teso la mano: «Filippo».

«Sara. Arrivederci Filippo.»

Era una giornata tiepida e piena di luce. Senza rendersene conto Sara si era ritrovata ai giardini di Piazza Leonardo dove da bambina trascorreva i pomeriggi estivi. Si era seduta su una panchina, la stessa dove si sedeva col padre, forse l'unico uomo che l'aveva amata.

Era quasi sul punto di piangere, ma si era frenata alla vista di una coppia che si era seduta sulla panca accanto alla sua. Giovani entrambi, lui serio, da primo della classe, spaurito e imbarazzato, lei, decisamente più spontanea, era seduta sulle ginocchia del ragazzo e lo guardava con adorazione, sorrideva estatica. Anche Sara ricordava di avere sorriso così pochi anni prima… le sembravano secoli. Già.

Le spiaceva dare un preavviso così breve al titolare della trattoria; quanto ad Amelia... era in partenza per quel di Baceno in Piemonte.

Tra una settimana esatta.

29

Primo giorno di lavoro al pub

22 giugno 2004, ore 10.10

Il martedì successivo si era presentata davanti al locale, ancora chiuso. Le lancette dell'orologio segnavano le dieci e dieci, era decisamente in anticipo e faceva già caldo.

Nello spazio antistante il pub, circondato da una siepe di Lauroceraso, Sara aveva scorto una sedia; era stata sul punto di sedersi ma a un esame più attento si era accorta che era sporca, qualcuno aveva rovesciato della birra e una mosca sembrava gradirne l'odore. Si era allontanata con disgusto mentre sulla porta del parrucchiere a fianco era apparso un uomo di mezza età, tarchiato e con un'incipiente calvizie, l'aveva esaminata con curiosità poi con condiscendenza le aveva detto: «Guardi che il locale non apre mai prima delle undici».

«Veramente ho appuntamento per le dieci e mezza.»

«Ah, è la nuova cameriera?»

«Esatto.»

«Ne ha cambiate tre nell'ultimo mese...» l'aveva detto con sarcasmo senza toglierle gli occhi di dosso. Una vera e propria radiografia,

Era decisamente un ficcanaso, ma non poteva inimicarsi il vicino, non il suo primo giorno di lavoro. Per sua fortuna una voce femminile l'aveva chiamato e Arturo era rientrato. Ora non le rimaneva che aspettare che quel Filippo, dall'aria svogliata e inconcludente, arrivasse. Se solo gli avesse chiesto il numero di telefono; cominciava a dubitare dell'orario e del giorno.

Per distrarsi aveva immaginato Luca – come Cristo sul monte Calvario, che portava sulle spalle il peso, non della croce, ma della scrivania e della libreria Ikea.

Avrebbe pulito a fondo la stanza e fatto sparire l'odore delle sue scartoffie. A pensarci bene era il posto giusto per la lettiera di Merlino, ecco sì, proprio il posto giusto. Merlino avrebbe gradito.

«Buongiorno, scusi il ritardo, l'auto non partiva.»

Filippo si era chinato per sollevare la serranda e quando si era rialzato Sara aveva notato sul suo volto delle profonde occhiaie.

«Di nulla, s'immagini.»

Lui nel frattempo era entrato nel locale e aveva acceso le luci, aveva detto con tono cantilenante: «La prima cosa da fare è accendere la macchina del caffè, poi pulire i tavoli e le sedie. I detersivi e l'occorrente sono nell'armadietto nell'antibagno, ah! Poi bisogna lavare il pavimento della sala e il bagno».

Lei lo aveva guardato stupita e lui con un sospiro aveva aggiunto: «Per questo le pagherei un extra, la ragazza delle pulizie ha dato *forfait*».

Tutto sommato era meglio fare le pulizie nel locale che in una casa privata. «Va benissimo» aveva risposto decisa.

Aveva indossato un grembiule che si era portata da casa e dei guanti di plastica e aveva pulito sedie e tavoli, mentre spazzava il pavimento era entrato un uomo corpulento dall'aspetto giovanile, con folti capelli scuri.

«La nuova cameriera?» Sara aveva annuito imbarazzata e l'uomo le aveva teso la mano con calore: «Piacere, sono Antonio, il cuoco».

Sara si era tolta i guanti un po' intimidita. «Piacere mio, Sara» aveva detto a bassa voce, poi aveva ripreso a lavorare mentre Antonio dettava a Filippo la lista della spesa. E quando la lista sembrava finita, il cuoco aggiungeva una voce, un dettaglio.

«Hai finito Antonio?»

«Sì, ho finito Filippo. Fai in fretta perché altrimenti non posso cucinare.»

Filippo, sbuffando, era uscito dal locale e Antonio era andato dietro il bancone. «Vuoi un caffè?»

«No, grazie, non ho ancora finito di lavare il pavimento.»

«Sara, mettiamo le cose in chiaro» aveva detto il cuoco, serio.

«Cioè? Non capisco.»

Antonio, sorridendo bonario, aveva proseguito: «Corri troppo, fai le cose con calma. E soprattutto non dare cattive abitudini a Filippo che se ne approfitta. Te lo dico io che lo conosco.»

«Mi viene naturale.»

«Lo vedo! Beviti un caffè, magari ti rilassi.» Sembrava soddisfatto della sua battuta mentre, senza aspettare risposta, prendeva due tazzine da caffè.

«Preferisci berlo al tavolo? Te lo porto.»

«No, certo che no! Ci mancherebbe» Sara si era avvicinata al banco in fretta e furia. Aveva bevuto il bicchierino di acqua e poi sorseggiato il caffè. «Come a Napoli...» aveva mormorato con un sorriso.

«Esattamente!» Antonio aveva sorriso caldamente e accentuato l'inflessione napoletana.

«Mio padre era napoletano» aveva mormorato Sara.

«Bene! Allora, dammi retta, fai come ti ho detto.»

«Ci proverò, grazie del caffè.»

Antonio aveva sorriso ed era tornato in cucina; mentre Sara si accingeva a lavare il pavimento, era apparso Filippo carico di borse, aveva gettato una rapida occhiata al locale. «Sei veloce» le aveva detto stupito.

«Mi manca il pavimento del bagno e ho finito.»

«Preferisci mangiare ora o dopo le due?»

«Anche dopo, grazie.»

Verso le dodici e mezza il locale si era riempito e Sara se l'era cavata alla grande, diversi clienti si erano complimentati con Filippo, a voce alta, in modo che lei sentisse. Erano le due passate e il locale si stava svuotando. Mentre sparecchiava era entrato un uomo giovane, jeans e maglietta dei Los Angeles Lakers, sportivo, decisamente sportivo.

«Sei nuova?» aveva chiesto con tono cordiale.

«Nuovissima.»

Lui le aveva teso la mano: «Piacere, Davide».

E lei, dopo un attimo di esitazione l'aveva stretta: «Sara».

Lui si era diretto in cucina, sicuro, come se fosse di casa. «Che c'è di buono oggi?» aveva chiesto.

Erano le tre quando Sara era uscita dal locale. Vi sarebbe tornata la sera stessa per la cena, prima di iniziare il suo nuovo lavoro notturno. Era preoccupata ed eccitata al tempo stesso.

30

Divisione dei beni

24 giugno 2004

Era libera, povera, ma libera.

Luca, da vero signore qual era, aveva preteso un assegno circolare dell'intero importo della sua liquidazione, per non parlare della divisione degli oggetti di proprietà comune. Era stata una procedura estenuante: il marito, ahimè, aveva voluto dividere tutto, proprio tutto. Perfino il vecchio stendibiancheria.

Sara l'aveva guardato basita: «Davvero vuoi cinque euro per lo stendino?».

«Certo, è la mia parte» aveva ribadito lui convinto.

«Non ci posso credere» aveva esclamato Sara, prima di scoppiare in una risata liberatoria. Non aveva più voglia di discutere, le avrebbe date tutte vinte al suo stramaledetto – e purtroppo ancora – marito, pur di liberarsene una volta per tutte.

Finalmente Luca se n'era andato, a casa di Antonella, ovviamente, insieme ai suoi fottuti corn flakes e a ben due cartoni di latte a lunga conservazione.

Rimanevano i mobili dello studio da portare via,

operazione che richiedeva l'aiuto di un suo amico che poteva solo la sera. A malincuore Sara aveva acconsentito a lasciargli le chiavi di casa; lavorava da soli due giorni al pub e non se la sentiva di chiedere permessi.

Sul conto prosciugato le erano rimasti meno di duecento euro e mancava ancora un mese per lo stipendio.

Si era recata in una gioielleria e aveva venduto gli oggetti d'oro, aveva tenuto per sé solo un braccialetto che il padre le aveva regalato quando aveva fatto la prima comunione, una catenina con inciso il suo nome e un piccolo ciondolo a forma di coccinella.

Il gioielliere le aveva gettato un'occhiata furtiva quando aveva visto la fede nuziale, ma Sara aveva sostenuto lo sguardo imperterrita. Per quel che le importava.

Infine aveva venduto la sua vecchia Panda, ricavando ben poco, ma avrebbe risparmiato i costi dell'assicurazione, del bollo – senza contare la manutenzione e il carburante. Tutte spese che non poteva più sostenere.

Si sentiva leggera nello spirito e nel portafoglio. Insomma…povera, ma bella.

31

Sempre al pub

13 settembre 2004, ore 00.05

Il locale era ancora affollato, ma, a differenza del sabato, non vi era più affluenza. Lo spauracchio del lunedì incombeva anche sui nottambuli più incalliti.

Sara aveva chiamato Giò: «Vai a casa, sono già d'accordo con Filippo».

«Non so come ringraziarti.»

«Di nulla, ho il sospetto che chiuderemo molto presto stasera.»

«Perché?»

«La vedi la tipa coi capelli rossi che è appena entrata?»

«Sì, e allora?»

«È la nuova fiamma di Filippo. Ieri sera non ha voluto nemmeno che pulissi la macchina del caffè. Praticamente mi ha buttata fuori dal locale e sono rimasti loro due, soli. Oggi pomeriggio sembrava di ottimo umore; speriamo che duri.»

Avevano riso, di Filippo, ovviamente.

«Ciao Sara, puoi farmi un Gin tonic?» la donna coi

capelli rossi le sorrideva.

«Certamente.» aveva risposto Sara, professionale.

«Filippo dice che sei la migliore barista che abbia mai avuto.»

«Davvero? Grazie!»

«Mi chiamo Antonella» le aveva teso la mano, amichevole.

«Piacere.»

In fondo a parte il nome che le ricordava la sua ex amica e traditrice, "quest'altra Antonella", a prescindere dai gusti in fatto di uomini, non doveva essere male, anzi a dirla tutta, abbandonata l'aria da *vamp*, sembrava quasi... simpatica. E poi se c'era una persona che non poteva tranciare giudizi in fatto di gusti di uomini era proprio lei: Sara De Rosa.

«Filippo?»

«È in cucina, se vuoi te lo chiamo.»

«No, meglio non disturbarlo quando lavora» aveva pronunciato le parole con un tono vagamente ironico e complice, ma Sara era rimasta imperturbabile. «Ecco il tuo Gin tonic.»

«Grazie, posso offrirtene uno?» aveva chiesto Miss Rosso Tiziano.

A essere sincera, Sara odiava quel *long drink*; una sera, con soli tre Gin tonic aveva preso una storta tale che per due giorni, proprio così, due giorni, aveva cercato invano la sua povera Panda nelle vicinanze di casa, per poi ritrovarla, in un posto assurdo, proprio mentre andava a denunciarne il furto. L'aveva avvistata da lontano. *Assomiglia alla mia...sembra proprio la mia...cazzo, è la mia!*

Si era rallegrata e vergognata al tempo stesso. Da quel giorno non aveva più bevuto Gin tonic. Chiuso. Quel ricordo la faceva sentire ancora a disagio.

«Ti ringrazio, ma preferisco non bere quando lavoro.»

«Magari più tardi.»

«Magari.»

Era mezzanotte e mezza e Davide non si era fatto vedere. Doveva essere proprio arrabbiato o forse, semplicemente, si stava divertendo in compagnia di un'altra, mentre il suo unico desiderio era di vederlo apparire nel locale, col suo passo un po' pesante e il suo fisico imponente. Si era chiesta più volte perché le piacesse tanto Davide, così diverso fisicamente da Luca. Doveva essere... proprio per questo.

Con un gesto di stizza si era ravviata i capelli e ora si accingeva a preparare la penultima comanda: "Due Pimm's con Ginger ale".

Aveva osservato con curiosità la coppia che aveva ordinato il *cocktail*. Probabilmente inglesi. Non era un *drink* da italiani; da quando lavorava al pub ne aveva preparati forse un paio, a dir tanto.

«Sara puoi portarli al tavolo cinque?» Filippo era comparso con un vassoio pieno di tranci di focacce, con un sorriso smagliante.

«Certo.»

A un esame più attento si era accorta che il sorriso era diretto ad Antonella, che lo guardava con aria maliziosa.

Chissà cosa ci trova... vuoi vedere che è quel qualcosa che io stessa ho trovato in Luca? Devo metterla in guardia?

Aveva portato le focacce insieme ai Pimm's alla coppia straniera.

«Sara, mi siedo un attimo con Antonella. Se hai bisogno...»

Sara aveva annuito. La serata stava volgendo al termine, era quasi l'una, doveva prendere in considerazione l'ipotesi di chiamare un taxi e – perché no? – di bere un Bushmills prima della chiusura, se lo meritava.

32

Massimo

Lunedì 13 settembre 2004, ore 01.00

Mentre versava il liquore nel *tumbler* aveva avvertito la stanchezza. Ne aveva bevuto un sorso con avidità: l'alcol aveva il potere di rilassarla, forse era per questo che le piaceva bere, si era portata la mano alla bocca per soffocare uno sbadiglio, ma era rimasta con le labbra aperte alla vista di Massimo che si avvicinava al banco; indossava un paio di pantaloni blu al posto dei bermuda e una polo Robe di Kappa amaranto.

«Ciao Sara, ti ricordi di me?»

«E come potrei dimenticarmi?»

«Temo di aver esagerato oggi, cioè ieri... scusa.»

Era sincero, Sara aveva sorriso ironica: «Ti ho graziato perché eri ubriaco perso».

Lui, si era grattato la fronte: «Davvero non so come ho fatto, non mi era mai successo di prendere una storta così...»

«Il problema non è la storta, sono affari tuoi, ma quello che mi hai detto.»

«Cosa?» era sbiancato in volto.

«Non te lo ricordi?»

«No, te lo giuro… posso saperlo?»

«Che sono un cesso orrendo. Davvero carino da parte tua» aveva pronunciato le parole scura in volto.

«Impossibile, non posso averlo detto, perché …non lo penso, ecco perché.»

Era davvero preoccupato per la sua sanità mentale, glielo si leggeva negli occhi e Sara non era riuscita a soffocare una risata.

«Ti diverti a prendermi in giro, eh? Be' me lo merito» aveva sorriso. Poi aveva chiesto rinfrancato: «Posso dirti una cosa senza che ti arrabbi?».

«Dipende.»

«In realtà penso che tu sia …»

«Una gran figa? Ieri hai usato proprio questo termine. Toglimi una curiosità, usi sempre questo linguaggio da spogliatoio con le donne che frequenti?»

«Certo che no, solo con le amiche con cui sono in confidenza. Con te non ho scusanti, sono un imbecille.»

«Ah ecco…»

«Comunque, lo penso davvero che sei…attraente» aveva abbassato la testa fingendo di schivare un destro.

Sara aveva scosso la testa, suo malgrado divertita, e lui l'aveva intuito: «E dai sorridi Sara! Mi piaci quando sorridi».

«Inventane un'altra, questa è scontata.»

«Sono sincero, hai un sorriso bellissimo».

Anche a Luca piaceva il suo sorriso; prima di tentare di spezzarglielo.

«Posso avere un …»

Sara l'aveva fissato con severità: «Cosa?».

«Un caffè… se è possibile.»

Stava per girarsi verso la macchina del caffè quando un uomo dalla corporatura minuta, con in mano un fascio di rose rosse, si era avvicinato al banco. Aveva occhi e capelli neri e carnagione scura.

«Ciao Amal» aveva guardato le rose «non ne hai vendute molte.»

«Serataccia» il bengalese aveva scosso il capo, sconsolato.

Prima che potesse rispondere, Sara aveva sentito la voce di Filippo che la chiamava. Aveva abbandonato il banco ed era andata in cucina.

Massimo aveva guardato i fiori e poi Amal: «Quanto vuoi per tutto il mazzo?».

«Amico, se le prendi tutte ti faccio lo sconto, venti euro va bene?»

«Affare fatto.»

Massimo aveva estratto dal portafogli due banconote da dieci e aveva appoggiato le rose sullo sgabello di fianco, si era posato un dito sulle labbra: «È una sorpresa».

L'uomo aveva annuito: «Grazie fratello, buona fortuna» ed era uscito nella notte.

Sara era ritornata dietro il banco. «Il tuo caffè»

aveva appoggiato la tazzina sul ripiano, notando il mazzo di fiori. «Dov'è Amal?»

«Se n'è andato.»

«E le rose?»

«Sono per te, per farmi perdonare.»

Per un attimo le erano tornate in mente le violette e i tulipani che Luca le aveva regalato quattro anni prima quando lui ancora l'amava o almeno così lei credeva. Quattro anni, un tempo infinito, e ora tutt'a un tratto uno sconosciuto le regalava delle rose rosse.

«Ti ringrazio, ma non posso accettare» aveva mormorato imbarazzata.

«Allora ce l'hai ancora con me.»

«No, ma ci conosciamo appena...»

«So di averti fatto una pessima impressione ieri alla festa, ma dammi un'altra *chance*, per favore.»

Sara aveva trattenuto un sorriso e per darsi un tono aveva bevuto un sorso di Bushmills.

«Vedo che ti piacciono gli Irish» aveva detto Massimo.

«Già.»

«Un amico mi ha portato dall'Irlanda una bottiglia di whiskey, ti va di farmi compagnia?».

«Si dà il caso che in questo locale posso berne quanto ne voglio» Sara aveva sorriso sprezzante.

«Ma il mio è un Tullamore, con quattordici anni di invecchiamento.»

«Credi di convincermi con un cazzo di whiskey invecchiato?»

Lui aveva scosso la testa, in difficoltà: «Sara, non volevo offenderti, la verità è che mi piaci, vorrei conoscerti di più, tutto qui».

«Conoscermi in che senso? Scusa.»

«Questo dipende da te.»

«Non c'è che dire, sei molto diretto.»

«Anche tu non scherzi, ed è un punto a tuo favore.»

«*Mmm*... e se dopo il Tullamore voglio andare a casa?»

«Ti accompagno, mi sembra ovvio.»

Sara era rimasta in silenzio a riflettere mentre puliva la macchina del caffè. Era spudorato, ma sincero, più sincero di tanti altri uomini, e non aveva l'aria di un *serial killer*. E come se non bastasse il Bushmills cominciava a fare effetto, sentiva montare la sensazione di calore allo stomaco che le allentava la tensione.

A parte Merlino chi l'aspettava a casa? Nessuno e quella sensazione di caldo ora l'avvertiva in tutto il corpo. Inutile negarlo, le era venuta voglia di fare sesso.

L'aveva esaminato mentre beveva il caffè, aveva un aspetto curato e pulito. Un punto a suo favore, sembrava anche simpatico, due punti, inoltre non era un amico come Davide, ma non era neanche uno sconosciuto qualunque. Era perfetto.

«Va bene» aveva abbozzato un sorriso strano, d'altra parte lei stessa si sentiva strana.

«Sul serio?» lui l'aveva guardata incredulo.

«Sì, dammi il tempo di finire.»

«Tutto il tempo che vuoi, se preferisci ti aspetto fuori.»

«Ok.»

Il locale si stava rapidamente svuotando, Filippo le aveva lanciato un'occhiata: «Sara, se vuoi andare ti chiamo un taxi».

«Grazie, mi accompagna lui» aveva indicato Massimo.

«Ah... meglio così» l'aveva osservato uscire dal locale ed era tornato ai suoi conti.

Sara aveva indossato una giacca leggera ed era uscita dal pub, era salita sulla Renault Megane di Massimo che era partito a tutta velocità, lei aveva fissato il tachimetro preoccupata: «Rallenta, per favore».

«Non ti fidi della mia guida?» Era chiaro che si stava divertendo, lei un po' meno.

Nel giro di pochi minuti aveva parcheggiato davanti a un palazzo a soli tre isolati da casa di Sara.

«Eccoci arrivati» aveva detto a bassa voce mentre spegneva il motore. Lei aveva fatto il gesto di aprire la portiera, ma ci aveva ripensato. Dov'era la sensazione di caldo che aveva provato al pub? Sparita, e ora lei si chiedeva cosa ci facesse in quell'auto con quell'uomo. Si era girata verso di lui: «Ecco io... ho cambiato idea».

«Ok» Massimo aveva alzato le spalle, rassegnato.

«Mi spiace, ma...»

«Tranquilla, ti riaccompagno a casa, non è successo niente» le aveva sorriso e aveva rimesso in moto. Era sprofondata nel sedile, finalmente a suo agio.

«Ti va di mangiare qualcosa?»

Un uomo che non si arrende mai.

«Dove?»

«Qui vicino, c'è un baracchino che fa dei panini superlativi.»

«Non mi piacciono i baracchini, sono squallidi.»

«Be', non dobbiamo passarci tutta la notte, solo un panino e una birra. Mi fai compagnia?»

Il brontolio del suo stomaco l'aveva convinta: «Va bene, vada per il baracchino».

«A patto che non cambi idea» Massimo aveva pronunciato le parole con tono severo, ma i suoi occhi ridevano.

«E tu promettimi di andare piano.»

Lui aveva annuito e dopo pochi minuti aveva parcheggiato in una piazza poco distante, le aveva indicato un chiosco illuminato dove sostavano alcuni avventori: «È quello» le aveva aperto la portiera «sentirai che panini fanno le "zie"».

«Zie?»

«Sì, due signore anziane, la loro specialità è il panino con salamella, formaggio, cipolla, peperoni e salse varie, o quello col cinghiale, buoni.»

«Che schifo! Mangiatela tu quella roba.»

«Non ti facevo così delicata, e quindi?»

«Un whiskey, quello» aveva individuato una marca di suo gusto.

«Non hai più fame?»

«Mi è passata» aveva indicato il chiosco, con disgusto.

«Se vuoi ce ne andiamo» l'aveva detto con tono preoccupato, sì, preoccupato di dover dire addio al suo *sandwich* di merda.

Poveretto... l'aveva mandato in bianco e ora voleva anche fargli saltare il pasto. L'aveva guardato con tenerezza mista a pietà: «Vai a ordinare».

Lui non se l'era fatto ripetere due volte.

Sara aveva osservato la fauna variegata che si aggirava nei dintorni del chiosco. A parte Massimo e qualche ragazzo, le facce che circolavano non erano molto rassicuranti. Un pensiero le era balenato nella mente: chissà cosa avrebbe pensato Franco se l'avesse vista? Si era guardata intorno preoccupata di vedere spuntare dal nulla la faccia dell'amico.

«Hai visto un fantasma?»

Massimo le stava porgendo un bicchiere di plastica mentre si accingeva ad addentare il suo panino a più strati, sconsigliato per le persone deboli di stomaco.

«Bel posticino, bella gente, soprattutto...»

«Cosa ti aspettavi a quest'ora, principessa?»

Sara aveva sorriso: «Che fai sfotti?».

«Solo un po'... dai andiamo in macchina, siamo più

comodi.»

Aveva appoggiato due lattine di birra sul cruscotto e si era dedicato interamente alla sua salamella, sembrava Merlino quando si ingozzava con la sua scatoletta preferita. Uguali.

«Davvero ti piace quella roba?» Sara non riusciva a staccare gli occhi da quella bomba di grassi.

Lui aveva annuito: «Vuoi?».

«Solo sotto tortura» aveva sottolineato le parole con una smorfia.

«Se ti fa schifo non guardarlo» l'aveva interrotta un attimo prima che lei reagisse. «Sara, lasciami mangiare in pace, per favore.»

Le stesse parole che suo padre le diceva sbuffando quando lei lo rimproverava di ingurgitare il cibo troppo velocemente: "Bella di papà, lasciami mangiare in pace".

Forse sei una rompicoglioni, si era detta e in segno di pace aveva offerto a Massimo una lattina di birra, poi lentamente aveva assaporato un sorso del suo whiskey irlandese. Di nuovo aveva avvertito la sensazione di caldo alla bocca dello stomaco, si era appoggiata allo schienale con gli occhi socchiusi.

«Tutto ok?» Massimo la osservava con curiosità.

«Sì, tutto ok» aveva sorriso pensando alla faccia che lui avrebbe fatto se avesse saputo cosa le passava per la mente in quel momento. Per la seconda volta nel giro di un'ora le era venuta voglia, proprio adesso che lui sembrava non pensarci più.

«Sei allegra, brava, dovresti sorridere più spesso.»

Sara aveva appoggiato il bicchiere di plastica vuoto sul cruscotto e si era girata verso di lui: «Così?» aveva sorriso provocantemente, anche se non voleva ammetterlo.

Lui l'aveva guardata stupito, incerto: «Che cosa vuoi?» le aveva sfiorato la bocca con la mano. Poi lei aveva aperto le labbra: «Andiamo» gli aveva sussurrato all'orecchio.

Lui, dopo un attimo di esitazione, aveva messo in moto, sembrava concentrato nella guida, come se lei non esistesse, ma a un esame più attento aveva la fronte imperlata di sudore, Sara gli aveva appoggiato una mano sul ginocchio e lui aveva scosso la testa: «Aspetta» le aveva baciato la mano e si era nuovamente concentrato sulla guida.

Solo dopo aver parcheggiato l'aveva attirata a sé, le aveva accarezzato i capelli: «Sembrano seta».

Sara gli aveva accarezzato la guancia e poi il collo, lentamente, poi aveva appoggiato la testa sul suo petto ascoltando i battiti accelerati del suo cuore che si confondevano con i suoi. Sentiva di potersi fidare, dopo tanto tempo. Aveva sospirato profondamente.

«Non dirmi che hai cambiato idea un'altra volta.»

«Nossignore.» lo aveva baciato sulla bocca. «Andiamo.»

Avevano percorso un centinaio di metri abbracciati

fino al portone di casa ed erano saliti al primo piano.

«Eccoci arrivati.»

Massimo aveva chiuso la porta di casa alle sue spalle. Erano uno di fronte all'altra, indecisi sul da farsi fino a quando lei aveva rotto l'indugio: «Dammi qualcosa da bere».

Si era seduta sul divano, il locale, che faceva anche da studio, era molto ampio: sulla destra vi era un grande tavolo da disegno con un piano d'appoggio inclinabile, di fianco a una scrivania bianca con un computer, nel complesso era pulito ma vi regnava un grande disordine, a sinistra un letto, non rifatto.

Sara non sopportava i letti sfatti e lui l'aveva intuito: «Non guardare il disordine, la signora delle pulizie torna domani».

«Menomale.»

Lui aveva cambiato discorso: «Vado a vedere se ho dei crackers».

«Guarda che io l'alcol lo reggo.»

«È meglio se mangi qualcosa.»

Era uscito dalla stanza, l'aveva sentito rovistare fino a quando era tornato con una bottiglia di acqua e un pacchetto di grissini, aveva guardato l'etichetta: «Non sono scaduti» li aveva appoggiati sul tavolino.

Sara aveva indicato la bottiglia di Tullamore: «Tu non bevi?».

«No» aveva scosso la testa, deciso. Si era seduto al suo fianco, le aveva baciato la guancia e accarezzato i capelli, poi l'aveva guardata negli occhi per capire se poteva continuare.

Sara si era sfilata la giacca, gli aveva messo le braccia nude intorno al collo, mentre lui cercava di slacciarle i bottoni della camicetta: «Faccio io» aveva sorriso prima di abbandonarsi completamente nelle sue braccia.

33

L'arte della fuga

Lunedì 13 settembre 2004, ore 05.30

Sara aveva aperto gli occhi, svegliata dal canto di un merlo; dalle persiane accostate filtrava una debole luce e a poco a poco era riuscita a distinguere i contorni della stanza, le lancette dell'orologio segnavano le cinque e mezza del mattino. Di fianco a lei Massimo dormiva profondamente. Si era alzata dal letto senza fare rumore e si era vestita in corridoio. Aveva scritto un biglietto in fretta e furia: «Devo andare a casa. Buona giornata».

Era uscita sul pianerottolo avendo cura di far scattare la porta dietro di sé ed era uscita in strada, deserta a quell'ora. Aveva percorso a tempo di *record* i tre isolati e i quattro piani di scale. Merlino era dietro la porta che l'aspettava miagolando. Lo aveva abbracciato e per farsi perdonare gli aveva aperto la sua scatoletta preferita.

Uscita dalla doccia si era guardata allo specchio, se con più imbarazzo o allegria, davvero non lo sapeva. La verità è che le piaceva fuggire. Era più forte di lei. Si era infilata sotto le lenzuola ed era scivolata nel sonno.

34

Quando non senti la sveglia

Lunedì 13 settembre 2004, ore 10.00

Il suono insistente di un antifurto l'aveva scossa dal torpore, aveva guardato la sveglia: segnava le dieci. Le dieci, cazzo! Si era alzata di scatto fissando Merlino. «Perché non mi hai chiamata?»

Si era infilata in bagno, giusto in tempo per farsi una rapida *toilette*, poi aveva aperto una scatoletta per il gatto e si era vestita a caso senza nemmeno guardare le previsioni meteorologiche – una delle sue fissazioni ricorrenti.

Per fortuna aveva le chiavi del locale, Filippo gliele aveva lasciate dopo neanche una settimana di lavoro.

Era uscita di casa di corsa, aveva preso al volo la metropolitana e ora si accingeva ad aprire la serranda del pub sotto gli occhi curiosi del parrucchiere: «Fatto tardi eh, ieri sera?».

«Colpa della sveglia che non ha suonato. Buona giornata Arturo.»

«E fatti i cazzi tuoi» aveva mormorato mentre entrava nel locale, aveva acceso la macchina del caffè e iniziato a pulire sedie e tavolini a tempo di *record*. Tutto doveva essere perfettamente in ordine prima dell'arrivo di Filippo.

«Sara, che è tutta 'sta fretta?» Antonio, fermo sulla porta, aveva pronunciato le parole con tono di rimprovero.

«Antonio non ho sentito la sveglia e ora devo correre, sono maledettamente in ritardo.»

«E che sarà mai! Filippo oggi arriva più tardi e la spesa è già fatta, devo comprare solo il pane, siediti ti preparo un caffè.»

«Non ho tempo, devo lavare il pavimento, anzi scostati, per favore.»

«Dammi retta, un caffè è quello che ti ci vuole, mo te ne preparo uno da far resuscitare i morti, siediti.»

Antonio era una vera *capatosta,* quando si metteva in mente un cosa era impossibile fargli cambiare idea, sarebbe stato fiato sprecato, Sara si era seduta sbuffando: «Va bene, giusto il tempo di un caffè» aveva iniziato a tamburellare con le dita sul ripiano del tavolino mentre osservava il cuoco riempire i porta filtri.

«Eccoli» Antonio aveva appoggiato il vassoio con due bicchieri d'acqua e si era seduto di fronte a lei.

«Abbiamo fatto tardi eh?»

«Antò, non ti ci mettere pure tu, ci ha già pensato quel cornuto di Arturo.»

«Di' la verità, è buono il mio caffè vero?»

«Sì Antonio, è buono. Come lo fai tu il caffè non lo

fa nessuno. Ora posso alzarmi?»

Lui per tutta risposta le aveva chiesto: «Oggi ti faccio le penne all'arrabbiata, come piacciono a te, arrabbiatissime».

Sara non aveva potuto fare a meno di sorridere e lui si era alzato soddisfatto: «Vado a comprare il pane, a dopo».

Si era sentita tranquilla solo dopo aver messo tutto in ordine, checché ne dicesse Antonio, e ora davanti allo specchio si stava osservando le occhiaie mentre ripensava alla notte precedente; per un attimo aveva provato una punta di disagio pensando alla reazione di Massimo al suo risveglio, offeso, contrariato? Forse, ma non aveva voglia di pensarci, non in quel momento. La voce di Filippo aveva interrotto i suoi pensieri.

«C'è qualcuno?»

«Arrivo» Sara aveva fatto capolino dal bagno mentre Filippo, più pallido del solito beveva assorto il caffè, in piedi dietro il bancone.

Chissà che cazzo ci trovano le donne, non che sia brutto, ma... sembra un non morto...

Di lì a pochi minuti il locale si era riempito e il tempo era volato. Erano le tre quando Sara era uscita dal pub.

A casa aveva puntato la sveglia alle sei e mezza, e si era addormentata subito di un sonno stanco e agitato.

35

Consigli non richiesti

Lunedì 13 settembre 2004, ore 18.30

Le unghie di Merlino che facevano la pasta sulla sua gamba l'avevano destata un attimo prima che suonasse la sveglia, si era alzata di malumore mentre ripensava con imbarazzo al sogno interrotto; nella visione Massimo entrava nel pub affollato e a voce alta le rinfacciava la sua fuga. Si era infilata nella doccia con un pensiero fisso; avrebbe chiarito la questione definitivamente, nessun pettegolezzo, nessuno doveva sapere.

Era uscita dal bagno, aveva infilato un paio di jeans puliti e una camicetta di lino azzurra, aveva versato nella ciotola di Merlino le sue crocchette preferite ed era uscita respirando l'aria ancora tiepida di fine estate.

Una delle cose positive di lavorare al pub era la cucina. Non era più costretta a prepararsi pranzo e cena, anzi a dirla tutta, in vita sua non aveva mai mangiato così bene.

Era arrivata al pub giusto in tempo per vedere Davide seduto al banco che sorseggiava il suo aperitivo preferito, un Campari shakerato con gin.

L'aveva salutato fingendo un'allegria che non sentiva e lui per tutta risposta aveva biascicato un ciao annoiato, e aveva ripreso a conversare con Filippo.

Per togliersi dall'imbarazzo si era fiondata in cucina e aveva scaldato nel microonde un trancio di frittata con zucchine e una parmigiana di melanzane; avrebbe voluto cenare lì, vista l'accoglienza di Davide, ma non era possibile. Era una delle condizioni poste da Filippo. E anche Antonio, che di lì a poco sarebbe arrivato, non voleva che si mangiasse in cucina.

Era rientrata in sala e, se con più stupore o rammarico, non lo sapeva nemmeno lei, si era accorta che Davide se n'era andato, senza salutarla. L'unica traccia della sua presenza era una coppetta vuota con una scorza d'arancia.

«Voi due avete litigato?»

«No, che ti viene in mente?» aveva evitato lo sguardo indagatore di Filippo, mentre apparecchiava il tavolo. A toglierla dall'imbarazzo era apparsa Antonella fasciata da un abito bianco che le faceva risaltare l'abbronzatura. Aveva baciato Filippo sulla guancia e si era seduta dinnanzi a lei: «Posso?».

«Certo, accomodati.»

«Ho appena visto Davide uscire di corsa, a momenti manco mi saluta. È successo qualcosa?»

«Non saprei, ero in cucina.»

«Quella frittata deve essere deliziosa, quasi quasi ne prendo un pezzo.»

«Ok e da bere?».

Sara aveva fatto il gesto di alzarsi, ma lei l'aveva fermata: «No, fammi compagnia, me la porta Filippo, vero caro?» gli aveva rivolto un sorriso accattivante.

«Subito» aveva risposto lui e si era precipitato in cucina.

Sara aveva scosso la testa sbalordita: «Deve essere proprio cotto di te, non l'ho mai visto così…».

«Così servizievole?»

«Esatto, intendevo proprio questo.»

«A te non è mai capitato?»

«No davvero!»

«Forse perché non ti piace chiedere.»

«Be', in effetti cerco di farne a meno, non mi piace mettere in imbarazzo le persone costringendole a fare cose che non vogliono.»

«Come fai a saperlo a priori? Davide, per esempio, se tu gli chiedessi un favore te lo farebbe, ne sono sicura.»

«Che c'entra Davide ora?»

«Andiamo…»

«Non so di cosa stai parlando, davvero.»

«Sara, conosco Davide da anni, credo che abbia un debole per te.»

«Ah davvero? Non me ne sono accorta» aveva pronunciato le parole con indifferenza, fingendo una calma che non aveva.

«Ascolta, non voglio fare l'impicciona, ti sto solo dicendo che sarebbe un peccato rovinare l'amicizia per una sciocchezza, forse dovresti chiedergli scusa.»

«Te l'ha detto lui?» Sara si era morsicata le labbra, si era tradita e poi perfino alle sue orecchie il tono della voce risultava stridulo.

Era sopraggiunto Filippo e Sara ne aveva approfittato per dileguarsi, si era alzata: «Grazie della compagnia Antonella». Aveva radunato i piatti e li aveva messi nella lavastoviglie. Era uscita in cortile a riflettere. Se c'era una cosa che non sopportava erano i consigli non richiesti, specialmente se dati da una persona che conosceva appena. Davvero non riusciva a comprendere il motivo di tanto interessamento da parte dell'amica di Davide, amica, già...

Si era accesa una sigaretta e l'aveva fumata nervosamente, aveva aspirato profondamente l'ultima boccata e spento con rabbia il mozzicone nel portacenere in bagno. Le lancette dell'orologio segnavano le nove. Una nuova serata di lavoro l'attendeva e forse era meglio così, non avrebbe avuto tempo per pensare.

In cucina Antonio e Giò discutevano a proposito di una comanda: «Giovanna, che cazzo ci sta scritto qua, che sono 'sti geroglifici? Neanche un medico scrive così male».

La stessa scena di sempre, aveva pensato divertita ed era entrata in sala dietro al bancone, al posto di combattimento.

36

Regola numero uno: mai farsi una storia con un cliente

13 settembre 2004, ore 23.00

Verso le undici era passato Franco, in compagnia di amici e, approfittando di un momento di calma, Sara si era seduta al tavolo a fianco dell'amico.

«Com'era Monterosso?»

«Troppo affollato per i miei gusti» Franco si era guardato intorno. «Hai lavorato tutto agosto?»

«Sempre, tranne la domenica di ferragosto.»

«C'era gente?»

«Non molta, comunque nelle due settimane centrali il locale è rimasto aperto solo alla sera. Ne ho approfittato per pulire la casa e finalmente Luca ha sgomberato lo studio.»

«Era ora! Ti ha ridato le chiavi?»

«Sì» aveva risposto pensosa.

«Allora, cosa c'è che non va?»

«Sa che lavoro qui.»

«Come ha fatto a scoprirlo? Non è da lui frequentare i locali.»

«Infatti. Si è presentato insieme ad Antonella a una festa di compleanno.»

«Ti ha detto qualcosa?»

«No, lei non mi ha neanche vista.»

«Non è mai stata molto sveglia.»

«Lo pensavo anch'io, ma col senno di poi, penso che l'abbiamo sottovalutata. Ora ti lascio, il lavoro mi chiama.»

Si era alzata giusto in tempo per vedere Massimo fermo sulla porta che la fissava scuro in volto. Era sbiancata ripensando al sogno.

L'aveva salutato con un cenno del capo ed era andata dietro il banco in difesa, lui l'aveva seguita.

«Tratti sempre così le persone?»

«Scusa, dovevo dare la pappa al mio gatto... e poi ti ho lasciato un biglietto, non l'hai visto?»

«Sì, e allora? Potevi dirmelo, ti avrei accompagnato a casa.»

«Mi spiaceva svegliarti, dormivi come un sasso.»

«Non dire cazzate, sei scappata come una ladra. Se l'avessi fatto io?»

Era rimasta in silenzio, senza riuscire a trovare una scusa convincente, forse era meglio fare ammenda: «Hai ragione, però ora non posso spiegarti, sto lavorando. Non mettermi nei casini, ne parliamo dopo, per favore».

«Non vedo l'ora» aveva risposto sarcastico.

Sara aveva represso un moto di stizza, e per nascondere l'imbarazzo si era allontanata in cerca di bicchieri vuoti. Si sentiva in trappola, come durante il suo matrimonio. Suo malgrado, ogni tanto quella sensazione riaffiorava e la gettava nel panico.

«Sara, stai bene?» Giò le aveva preso il vassoio dalle mani e la guardava preoccupata.

«Ho bisogno di aria, dammi il cambio, per favore.»

«Certo, qualche cliente stronzo ti ha infastidita?»

«No, tranquilla, è tutto a posto, poi ti spiego.»

Era uscita dal retro, si era guardata intorno mentre accendeva una sigaretta. Una idea assurda le era passata per la testa. In fondo avrebbe potuto utilizzare il cortile come via di fuga un attimo prima della chiusura, alla faccia di Massimo.

Ora stai esagerando, si era detta, in fondo vuole solo delle scuse e non ha neanche tutti i torti. Datti una calmata.

Il ragionamento non faceva una piega ed era rientrata più tranquilla, Massimo era ancora lì ad aspettarla: «Bevi qualcosa?» aveva chiesto con tono professionale.

«Sì, quello che mi hai preparato ieri pomeriggio, non ricordo il nome.»

«Non faccio fatica a crederlo».

«Hai intenzione di rinfacciarmelo a vita?» ora era arrabbiato, sul serio.

«Hai ragione, scusa, ecco il tuo Manhattan.» Sara

aveva versato nel *mixing glass* il ghiaccio, il Canadian, il Martini rosso e l'angostura, aveva mescolato il tutto e versato in una coppetta.

«Scuse accettate… e la ciliegina?»

«Le ho finite, se vuoi vado in cantina a prenderne un barattolo.»

Massimo aveva fatto spallucce, già rabbonito: «No, posso farne a meno, rimani qui con me».

«Guarda che io sono una barista, non una dama di compagnia, ti è chiaro il concetto?»

«Bella battuta, mi piaci Sara, ma forse te l'ho già detto o sbaglio?»

«Abbassa la voce.»

«Sto scherzando, sono uno dei tanti clienti che fanno la corte alla cameriera.»

«Non sono una cameriera.»

«Scusa, non volevo offenderti.»

«Era solo una precisazione e piantala di prendermi in giro, non è divertente.»

«Anche stamattina non è stato divertente trovare il tuo cazzo di biglietto.»

«Hai ragione e ti chiedo di nuovo scusa. Hai intenzione di crearmi problemi sul lavoro?»

«Tranquilla, mi porterò il segreto della notte scorsa nella tomba.»

«Sarà meglio per te, se ti azzardi a parlarne con qualcuno ti taglio la gola» aveva mimato il gesto con un sorriso finto.

«Guarda che non lo farei mai, per chi mi hai preso?»

«Dite tutti così.»

«Tutti chi, di chi stai parlando? Forse degli stronzi che conosci tu!»

L'aveva detto con disprezzo e lei aveva sibilato: «Come ti permetti?».

Prima che lui potesse rispondere era arrivato Filippo: «Ciao Massimo, grazie per ieri».

«Per cosa?»

«Per aver accompagnato Sara.»

«Figurati, è stato un piacere. Ottimo questo Manhattan» aveva posato la coppetta.

«Dovresti provare il Daiquiri. È la specialità di Sara.»

«Lo farò, senz'altro». Massimo l'aveva guardata di proposito. E lei aveva incassato.

37

Sorvegliata speciale

14 settembre 2004, ore 01.40

Per tutta la serata Massimo non si era schiodato dal sedile di fronte al banco, sembrava un coscienzioso cane pastore, non la mollava un attimo.

«Fai sempre così con le donne, le prendi per sfinimento?» gliel'aveva buttata lì come una battuta o forse no, davvero non lo sapeva, di sicuro quell'assedio cominciava a provarla.

«Solo con quelle che mi piacciono.»

Per tutta risposta, lei gli aveva lanciato un'occhiataccia che però non aveva sortito alcun effetto, anzi, lui sembrava divertito mentre gustava il terzo Manhattan.

Era una persona ostinata, non v'era alcun dubbio; non voleva ammetterlo a se stessa, ma trovava la sua dedizione quasi gratificante.

Le lancette dell'orologio segnavano le due e gli ultimi clienti stavano uscendo.

Un *drink* adesso se lo meritava davvero, si era versata un Bushmills mentre Massimo pagava il conto.

Filippo lo aveva guardato sornione, poi rivolto a Sara: «Scusa, anche stasera non posso accompagnarti, ti chiamo un taxi». Aveva preso il cellulare e fatto il gesto di digitare il numero.

Era intervenuto Massimo: «Lascia perdere, l'accompagno io».

Filippo aveva guardato Sara con aria interrogativa e lei non aveva avuto scelta, aveva trattenuto un moto di stizza: «Ok» aveva risposto ed era andata in bagno, si era guardata allo specchio. «Hai un aspetto di merda, sorella, tanto peggio per lui.»

Massimo l'aspettava all'uscita, le aveva aperto la portiera dell'automobile e l'aveva richiusa.

«Hai paura che scappi?» aveva abbozzato un sorriso ironico.

«Può darsi» aveva risposto lui mentre saliva in macchina, aveva messo in moto e imboccato il viale alberato.

«Dove stai andando?»

«Ti accompagno a casa.»

«Grazie, ma ho voglia di camminare.»

«A quest'ora? Non scherzare.»

«Guarda che ho accettato di salire in macchina solo perché volevi delle spiegazioni.»

«Ti ascolto.»

«Sono tornata a casa perché dovevo dare la pappa a Merlino.»

Massimo aveva sorriso: «Merlino… hai anche una

gatta di nome Viviana?»

Sara l'aveva guardato stupita: «Conosci la leggenda?»

«Sì... sai, da bambino ero affascinato dalle leggende e quella era la mia preferita, mi ero quasi convinto di possedere delle arti magiche e volevo diventare un mago. Stupido, vero?».

«No, tutt'altro!» l'aveva guardato con occhi diversi. Forse poteva confidargli un segreto.

Aveva unito le mani davanti alla bocca e dopo una pausa di riflessione aveva sussurrato: «Anch'io volevo apprendere le arti magiche, come Viviana.

«Lo sapevo che eri pericolosa» Massimo le aveva puntato un dito contro.

Lei aveva riso finalmente rilassata. Era arrivato il momento delle scuse, gliele doveva: «Mi spiace per ieri sera, non volevo...».

«Mancarmi di rispetto?»

Rispetto. Conosceva fin troppo bene quella parola; anni di insulti e cattiverie le avevano fatto perdere il rispetto di se stessa, ma anche degli altri. Solo ora se ne rendeva conto; era diventata come Luca... Dio mio!

L'aveva guardato smarrita mentre le lacrime le scendevano, senza che potesse farci niente: «Perdonami» la voce le si era strozzata in gola, come se stesse soffocando, le sembrava di sentire la mano di Luca che le stringeva il collo.

Lui aveva accostato la macchina spaventato dalla

sua reazione e con un fazzoletto le asciugava il viso: «Che cosa ti hanno fatto Sara?» .

«Non so di cosa stai parlando, sono stanca, tutto qui, fammi scendere, ho voglia di camminare.»

«Va bene, siamo quasi arrivati, facciamo due passi.»

«Preferisco stare da sola.»

«Sara, ti accompagno sotto casa e me ne vado, fidati, una volta tanto.»

L'aveva presa per mano e senza parlare erano arrivati davanti al portone.

«Non era mia intenzione farti stare male.»

Sara l'aveva guardato in faccia e aveva letto nei suoi occhi una sincera preoccupazione.

«Lo so, tu non c'entri» aveva abbozzato un sorriso triste mentre infilava la chiave nella serratura.

Massimo le aveva dato un biglietto da visita: «Se hai voglia di parlare, chiamami».

«Grazie, ma sto bene e se ho bisogno di confessarmi vado dal prete.»

Lui aveva aspettato che la porta si richiudesse e se n'era andato. Sara era rimasta in silenzio dietro la porta, ma i passi di Massimo che si allontanavano l'avevano rassicurata, dunque era sincero, l'aveva accompagnata solo perché era preoccupato per lei, l'aveva mal giudicato.

Mentre saliva le scale aveva guardato con curiosità

il biglietto da visita: Massimo Mancini grafico pubblicitario. Per fortuna non era uno psicologo, un altro punto a suo favore.

Per un attimo aveva pensato di chiamarlo, stranamente non aveva più voglia di stare sola, c'era qualcosa di indefinibile che l'angosciava, si era fermata sul pianerottolo del secondo piano a riflettere, Merlino la stava aspettando, perché tergiversava? Non voleva ammetterlo, ma una paura irrazionale si era impossessata di lei, paura di trovare dietro la porta di casa il fantasma di Luca. Forse hai davvero bisogno dello psicologo, si era detta.

Il miagolio che proveniva dal quarto piano l'aveva riportata alla realtà. Aveva percorso velocemente le due rampe di scale e in casa aveva acceso tutte le luci e ispezionato attentamente le stanze seguita dal gatto. Aveva aperto gli armadi con circospezione e guardato sotto il letto, solo dopo si era dedicata al suo mago peloso.

38

Ripensamenti

Dal 15 al 21 settembre 2004

Nei giorni successivi Massimo non si era fatto vedere e Sara più di una volta era stata sul punto di chiamarlo, ma ogni volta si era trattenuta dal farlo, non per orgoglio o vergogna, be', in parte anche, ma per paura di fare una mossa sbagliata. Non voleva ammetterlo, ma cominciava a provare attrazione per lui. Quanto a Davide, la evitava e l'autunno incombeva. Che tristezza.

39

Gelosia

22 settembre 2004, ore 22.00

Era la prima sera d'autunno e l'aria era rinfrescata, Sara aveva guardato la comanda: due Manhattan.

«Chi li vuole, Giò?»

«La coppia che è seduta al tavolo sette.»

Sara aveva avuto un presentimento, ma due energumeni davanti al banco le impedivano la visuale.

«Due Guinness» le aveva chiesto quello di destra, con tono scortese. Lei li aveva squadrati da capo a piedi. Ormai aveva imparato a riconoscere quel genere di clienti: imbecilli e attaccabrighe che volevano essere serviti subito, a scapito degli altri. Aveva indicato loro l'unico tavolo libero: «Ve le faccio portare».

«Abbiamo fretta.»

Non si era sbagliata.

«Va bene» aveva risposto sbrigativa mentre riempiva due boccali di birra e proprio in quel momento l'aveva visto. Cazzo! Era seduto al tavolo sette in compagnia di una donna piuttosto bella che indossava un *tailleur* estivo carta da zucchero, sotto la giacca si intravedeva un top a fascia bianco, la gonna appena sopra il ginocchio metteva in mostra due gambe slanciate.

I due sembravano molto intimi, lui l'ascoltava con attenzione e le accarezzava la mano, ogni tanto lei gli sussurrava qualcosa all'orecchio, avevano l'aria di divertirsi un mondo.

Sara aveva provato una punta di invidia e di fastidio, considerava il pub il suo territorio. Quella di Massimo era una provocazione bella e buona.

Non è gentile da parte tua.

Le sue quotazioni erano decisamente in ribasso: Davide la evitava e Massimo la umiliava, nonostante lei gli avesse chiesto ripetutamente di perdonarla.

A Sara non piaceva chiedere scusa, anche da piccola preferiva rimanere in punizione piuttosto che fare ammenda. "Non sfidarmi" era la frase ricorrente che la madre le rivolgeva scura in volto. Aveva un gran brutto carattere la mamma… col senno di poi, però, anche lei non scherzava.

Concentrarsi sul lavoro, ecco quello che doveva fare. L'unica cosa che le riusciva bene.

Si era imposta di non guardare la coppia, aveva controllato le bottiglie dei liquori e sistemato nel frigorifero sotto il bancone una quantità di lattine di Sprite e Coca-Cola quando aveva sentito la voce di Giò: «Due Daiquiri al tavolo sette».

«Dopo il Manhattan? Bah... che gusti!»

«Il tipo dice che il Daiquiri è la tua specialità.»

Ci risiamo... come la storia della Greek salad.

«Contenti loro» l'aveva detto con una smorfia di derisione fin troppo eloquente perché Massimo si era alzato e stava venendo verso di lei. Per mascherare il nervosismo aveva versato i cubetti di ghiaccio nello *shaker* e afferrato la bottiglia di rhum.

«Ciao Sara.»

Era rimasta con la bottiglia a mezz'aria: «Ciao, sicuro di volere il Daiquiri?».

«Perché il rhum è taroccato?»

«Ah, ah, ah, spiritoso... non mi sembra una buona idea mischiare whisky e rhum.»

«Ce l'ha consigliato Filippo.»

Lei lo aveva guardato con un sorriso di circostanza: «Come preferisci».

«In realtà dobbiamo ancora cenare, cosa ci consigli?»

«L'insalata greca! Sara è una vera artista nel prepararla.»

La voce allegra di Davide. Da quanto non la sentiva? Pochi giorni eppure le sembravano anni...

«Non dargli retta, gli piace scherzare» era indecisa se ridere o castigarlo.

Davide e Massimo si erano fronteggiati l'un l'altro, soppesati.

Lei li aveva guardati entrambi, con un certo timore,

poi si era rivolta a Davide: «Cosa vuoi da bere?».

«Il solito.»

Sara aveva versato nel *tumbler* il Bushmills e l'aveva posato sul ripiano.

«Grazie, cara» Davide aveva pronunciato la parola "cara" con un certa enfasi e le aveva accarezzato la mano che stringeva il bicchiere.

Sara aveva avuto un sussulto al contatto, ma l'espressione contrariata di Massimo l'aveva indotta a ritrarre la mano, a malincuore.

Era stupita della rinnovata gentilezza del suo amico, che stesse meditando qualcosa?

Davide aveva bevuto un sorso di whiskey lentamente, sembrava stesse recitando la parte di un attore americano degli anni cinquanta. Era consapevole di calamitare l'attenzione dei presenti; si era girato verso Massimo: «Sara è la barista più veloce del West, ma è un cane in cucina. A meno che non le chiedi una *greek salad*...» era scoppiato in una delle sue risate contagiose.

La battuta aveva sciolto la tensione, anche Massimo aveva riso e lei pure.

«Eccoti, cercavo giusto te.» Filippo era arrivato alle spalle di Davide, gli aveva appoggiato la mano sulla spalla: «Puoi andare a prendere Antonella? Non le parte la macchina».

Davide si era stiracchiato. «Ok» aveva bevuto l'ultimo goccio di Bushmills e sorriso a Sara: «A dopo» ed era uscito.

Lei l'aveva seguito con gli occhi. Più volte si era domandata come potessero essere amici lui e Filippo, così diversi l'uno dall'altro. Bella domanda.

«Simpatico» Massimo aveva guardato verso l'uscita in direzione di Davide e dopo una pausa: «È lui Merlino?»

«Ti sembra un gatto?»

«Semmai un bisonte.»

Sara l'aveva guardato esterrefatta. «Che cazzo dici?»

Massimo aveva scosso la testa. «Ero sicuro che avresti preso le sue difese.»

«Naturale, è un mio amico» e dopo un attimo aveva precisato «per tua informazione, si chiama Davide.»

«E hai una storia con lui, vero?»

«Assolutamente no. Cosa te lo fa pensare?»

«Tutto. Come lo guardi, come lui guarda te.»

«È solo un amico.»

«Però ti piace.»

«Ora stai esagerando.»

Lui aveva incrociato le mani e vi aveva appoggiato il mento: «Scusa, in effetti non ho nessun diritto di farti domande, in fondo per te sono un cliente qualsiasi...» aveva sorriso imbarazzato.

Per un attimo le era sembrato di vedere un velo di tristezza sul volto di Massimo, ma si era ricordata della donna in sua compagnia e si era data della stupida; quell'uomo non meritava alcuna compassione: «Anch'io per te sono una barista qualsiasi» aveva risposto con voluta indifferenza ma, senza volerlo, con la coda dell'occhio aveva guardato la ragazza seduta al tavolo sette e lui se n'era accorto.

«Ricominciamo da capo, di che colore è il tuo gatto?»

«Nero.»

«Adoro i gatti neri.»

«Anch'io.»

Lo aveva guardato piacevolmente sorpresa e lui ne aveva approfittato: «Me lo fai conoscere?».

Sara l'aveva volutamente ignorato e gli aveva dato il menù: «Ti consiglio pasta, patate e provola, è buonissima» lui si era girato verso la sua compagna di tavolo, le aveva fatto segno di avvicinarsi e si era concentrato sulla carta dei vini.

C'era qualcosa di familiare in quella donna, forse la camminata o l'espressione... ecco sì, le ricordava qualcuno, ma chi? Era bella, di una bellezza naturale, non artefatta. Mentre Sara la osservava di sottecchi lei era arrivata alle spalle di Massimo con passo felpato e di scatto gli aveva dato una poderosa manata sulla spalla. Lui non se l'era presa, anzi sembrava contento, le aveva afferrato la mano: «Sara, ti presento Elena, la mia sorellina».

Ecco a chi somigliava! Improvvisamente si era sentita sollevata: «Tanto piacere».

Stavolta era sincera. Aveva fissato Elena con aperta simpatia. «Il cuoco consiglia zucchine alla Scapece, melanzane al funghetto e poi la sua specialità: pasta, patate e provola, provare per credere.»

«Per me va bene, adoro la cucina napoletana» Elena aveva un gran bel sorriso.

Si era girata verso il fratello: «Dov'è il bagno? Mi scappa la pipì, da morire».

Era intervenuta Sara: «In fondo a sinistra». Un classico.

Massimo l'aveva seguita con lo sguardo: «È matta da legare...» aveva detto con orgoglio.

Sara aveva percepito nel tono della sua voce un profondo affetto e per la seconda volta l'aveva guardato con occhi diversi: «Tua sorella è fortunata ad avere un fratello come te».

«Davvero?»

Aveva deglutito per l'imbarazzo: «Credo di averti mal giudicato».

Detto, l'aveva detto finalmente!

Lui aveva cambiato discorso: «Mia sorella vive a Londra, riparte domenica» l'aveva guardata «poi sono libero.»

Sara era arrossita non per l'*avance*, ma perché non riusciva a leggere dentro se stessa. Era la prima volta che le piacevano due uomini contemporaneamente e con la stessa intensità. Non sapeva chi scegliere, anzi a essere sincera, non voleva scegliere perché li voleva entrambi. Questa era la verità. Non si riconosceva più, aveva decisamente bisogno di uno psicologo.

Con Luca non aveva avuto incertezze. L'aveva amato in modo assoluto, esclusivo: ai suoi occhi il futuro marito non aveva avuto rivali. Anche se per rivalsa l'aveva tradito, quando lui l'aveva minacciata di lasciarla se non lo avesse sposato. Ciononostante, il grande amore della sua vita era finito miseramente. Forse una relazione con due uomini avrebbe implicato un minor coinvolgimento emotivo e – perché no? – una diversificazione dei rischi. Ora pensava come un'economista? Cosa le succedeva?

Del resto se un musulmano poteva avere quattro mogli perché Sara de Rosa non poteva avere due uomini? Di sicuro non li avrebbe sposati.

«Ehi, ci sei?»

La voce di Massimo aveva interrotto i suoi pensieri: «Sì, allora pasta e patate per due e, da bere, va bene un Gutturnio?»

«Ottima scelta» Davide si era seduto sullo sgabello davanti al banco e aveva alzato la voce per farsi sentire dal cuoco: «Antonio è il numero uno, altro che Gualtiero Marchesi». Aveva fatto l'occhiolino a Sara che era stata al gioco e la risposta dello *chef* non si era fatta attendere: «Davide va a sfottere Filippo, *famm 'o piacer*».

Davide si era alzato ed era andato in cucina. Sara aveva scosso la testa ridendo, la reazione di Antonio non si era fatta attendere: «Davide, ti ho detto mille volte che non ti voglio in cucina. Qui può entrare solo il personale, chiaro?».

Uno spettacolo già visto.

«Antonio perché mi tratti così? Lo sai che sono un tuo accanito *fan*.»

«Ma quale *fan*, tu sei un paraculo, va', *vattenne.*»

Era entrata in scena Sara: aveva afferrato il braccio di Davide, che aveva opposto una finta resistenza e l'aveva trascinato fuori dalla cucina, con l'allegria dei vecchi tempi. In fondo neanche tanto vecchi, a pensarci bene.

«Piantala di farlo incazzare! E non ti muovere» lo aveva fatto sedere a forza, e lui, per tutta risposta, le aveva trattenuto la mano. «Mollami!» aveva esclamato lei.

«Chiedimelo per favore» Davide l'aveva quasi immobilizzata. Si stava divertendo un mondo, lui.

«Mai» le si era accesa negli occhi una luce assassina e lui aveva smesso di ridere. «Non farlo» l'aveva supplicata.

«Chiedimelo per favore» Sara aveva cominciato a fargli il solletico ai fianchi. Ora... era lei in vantaggio. Si era divincolata, rossa in viso per la concitazione del gioco.

Massimo aveva assistito alla scena in disparte, incupito; si era allontanato in silenzio e aveva raggiunto la sorella al tavolo.

Sara aveva intuito il suo umore e il riso le si era spento sulle labbra. Per togliersi dall'imbarazzo era andata in cucina a portare le ordinazioni. Per sua fortuna, quando era tornata, Davide era seduto al tavolo con Filippo e Antonella.

Finalmente un po' di tranquillità, si era detta. Aveva bisogno di riflettere con calma. Non voleva ammetterlo, ma la gelosia dei due la eccitava e preoccupava al tempo stesso. Doveva impedire a ogni costo che si beccassero come due galli in un pollaio perché lei non era in palio, stavolta lei era il fottuto ago della bilancia.

40

Fobie

23 settembre 2004, ore 00.20

Era mezzanotte passata quando Elena e Massimo erano usciti dal pub. Sara aveva tirato un sospiro di sollievo. Un problema in meno, si era detta, mentre guardava l'ennesima comanda.

Con la coda dell'occhio aveva visto Davide avvicinarsi al bancone con in mano un bicchiere vuoto: «Me ne dai un altro, per favore?».

«Certo» Sara si era girata per prendere la bottiglia e si era accorta che era quasi finita, anche lo scomparto dei liquori era vuoto. «Cazzo, no!» aveva preso un mazzo di chiavi e una torcia elettrica ed era uscita nel cortile, Davide l'aveva seguita. «Scommetto che Filippo si è dimenticato di fare il carico, vuoi una mano?»

Lei gli aveva regalato un sorriso di gratitudine. «Menomale che ci sei tu» Davide le aveva dato il solito buffetto sulla guancia. «Cammina» le aveva detto con tono burbero.

«Ok capo» Sara si era girata di scatto e aveva finto

di attaccarlo ancora con l'arma del solletico, poi era scesa di corsa lungo le scale che portavano al seminterrato.

«Fai la brava o ti chiudo in cantina.»

«Sto tremando.»

«Non fare la dura con me, so benissimo che hai paura ad andare nello scantinato. Si vede dalla tua faccia.»

«Sì, ma non dirlo a nessuno» aveva appoggiato il dito sulle labbra e infilato le chiavi nella serratura. Una lampadina penzolava dal soffitto illuminando il ripostiglio di una luce fioca. Sulle pareti vibravano leggermente innumerevoli ragnatele.

«Quanto mi fa schifo questo posto!» Sara aveva acceso la torcia, stava per dirigersi verso gli scaffali quando si era fermata con un presentimento; aveva puntato il fascio di luce sul pavimento, illuminando un nugolo di scarafaggi che si stava dando alla fuga. Aveva emesso un urlo disumano e d'istinto era saltata in braccio a Davide. Gli si era avvinghiata al collo e lui aveva "tenuto botta", e l'aveva sostenuta. «Cristo, Sara, hai visto il diavolo?»

«È pieno di scarafaggi, cazzo!»

«Fammi vedere.»

«Non mettermi giù! Ti prego!»

«Tranquilla, non ti metto giù, però smettila di stringermi il collo, mi fai male.»

«Scusa, scusa, sono terrorizzata.»

«Secondo me anche loro. Dammi la torcia» aveva illuminato l'impiantito. Erano spariti.

«L'urlo di Sara terrorizza anche l'Occidente[3]... sono scappati tutti.»

Era chiaro che Davide si stava divertendo alle sue spalle. Sara lo percepiva dal tono della voce e dalla contrazione del diaframma. Aveva sollevato le palpebre. «Cazzo c'è da ridere?»

«È tutto quello che hai da dirmi? Ingrata.»

Sara lo aveva guardato dritto negli occhi. «Grazie capo». L'aveva baciato sulla guancia e aveva appoggiato la testa sul suo petto e lui l'aveva stretta forte in un abbraccio protettivo e avvolgente. Aveva ascoltato in silenzio i loro respiri affannosi. Doveva reagire, subito. «Davide, dobbiamo andare.»

«Già... posso metterti giù adesso?»

«Fammi controllare.»

Aveva puntato la torcia in tutte le direzioni. Non c'era anima viva, a parte loro due. Erano gli unici esseri viventi rimasti nella cantina e il mondo di fuori non esisteva più. «Ok, ma stammi vicino, potrebbero tornare, non si sa mai.»

Con cautela aveva appoggiato a terra prima un piede e poi un altro, usando più precauzioni di Neil Armstrong quando era sceso per la prima volta sul

---

[3] *L'urlo di Chen terrorizza anche l'Occidente,* film del 1972 scritto, diretto, interpretato e co-prodotto da Bruce Lee. Data di uscita in Italia: 15 febbraio 1974

suolo lunare. A poco a poco aveva preso coraggio: «Prendi quelle scatole di cartone».

Davide aveva eseguito senza battere ciglio e l'aveva aiutata a riempirle di bottiglie di rhum, cachaça e vodka.

«Dovrebbero bastare» Sara aveva guardato Davide con un sorriso malizioso. «Dimenticavo... il tuo whiskey preferito». Aveva afferrato due bottiglie di Bushmills. «Queste le porto io.» Con un cenno della testa aveva indicato i due cartoni pieni: «Ce la fai, mio fido sherpa?».

Lui li aveva sollevati senza fatica. «Fai poco la spiritosa o ti lascio qui» era uscito dal ripostiglio per dimostrare che faceva sul serio e a quel punto Sara aveva dismesso le sue arie da sbruffona. «Davide, aspettami!» aveva chiuso la porta in fretta e furia e l'aveva seguito in velocità, come un cagnolino.

Lui si era girato: «Seguimi, signorina cacasotto».

Solo quando erano usciti nel cortile Sara aveva replicato: «Non sono una cacasotto... la verità è che le cantine mi fanno schifo, ecco... dai, andiamo a disinfettarci».

Sara si era lavata le mani più volte, poi era stata la volta di Davide che aveva tentato di ribellarsi: «Cristo, due volte non bastano?». Lei era stata irremovibile: lo aveva bloccato davanti alla porta del bagno impedendogli di uscire. «Ancora una volta per favore, fallo per me.» Il tono non ammetteva replica e Davide si era sottomesso con riluttanza. Erano rientrati nel locale.

41

Riflessioni

23 settembre 2004 ore 00.30

«Offre la casa». Sara, finalmente a suo agio dietro al bancone, aveva versato una dose doppia di whiskey nel *tumbler* e Davide per la seconda volta le aveva accarezzato la mano: «Ti è passata l'arrabbiatura?».

«E a te è passata?»

«Fai l'offesa?»

«Fino a prova contraria sei tu che mi ignori da giorni.»

«Per forza! Mi hai trattato di merda... ti ho chiesto di dirmi chi era l'uomo che ti ha sorriso il giorno della festa e hai dato in escandescenze.»

Perché stasera mi rompono tutti i coglioni?

Si era passata una mano sulla fronte. «Hai ragione, scusa... ero stanca.»

«Sei sempre stanca quando non vuoi rispondere, lasciamo perdere, non voglio litigare» Davide aveva scosso la testa contrariato.

Sara gli aveva appoggiato una mano sulla spalla. «Nemmeno io, davvero.» Gli aveva preso il bicchiere dalle mani e ne aveva bevuto un sorso. «Non è per sfiducia nei tuoi confronti, è solo che... non me la sento di parlare di questo argomento, per ora.»

«Ok, però se qualcuno ti dà fastidio, dimmelo, per favore. Te l'ho già detto una volta, te lo ricordi?»

Sara aveva assentito con un cenno del capo e bevuto un altro dito di whisky.

«Piantala di bere il mio Bushmills, versatene uno» Davide si era riappropriato del suo bicchiere.

«Hai ragione, scusa, non so dove ho la testa.»

Sara se n'era versata un'abbondante dose e aveva rabboccato quello dell'amico. Avevano brindato felici di essersi ritrovati. In futuro doveva essere sincera con lui perché non voleva perdere la sua amicizia, non voleva.

«Simpatico il tipo che se n'è andato» Davide aveva pronunciato le parole con indifferenza mentre osservava il fondo del bicchiere.

«Quale tipo?»

Per fortuna che volevi essere sincera!

«Ah... Massimo.»

«Secondo me gli piaci, ho visto come ti guardava.»

Sara aveva sospirato e, poiché la miglior difesa è l'attacco, si era protesa verso di lui appena un poco: «Posso farti una domanda?».

«Certo.»

«Come passi il tempo la sera prima di venire qui?»

«Dipende, a volte con gli amici, a volte lavoro fino

alle dieci, a volte anche più tardi.»

«Che lavoro fai?»

«Lavoro nell'autofficina di mio padre, mi occupo della parte contabile e quando mi avanza tempo faccio l'aiuto meccanico. Mi diverto a smontare i motori.»

«Ti piace lavorare con tuo padre?»

«Neanche un po', ma in un altro posto mi avrebbero già licenziato.»

«Perché?»

«Perché al mattino non arrivo mai prima delle undici.»

«Ah, però… immagino non sia molto contento, tuo padre.»

«Immagini bene, strilla come un'aquila, anche a casa.»

«Quindi vivi ancora con i tuoi?»

Questo non depone a tuo favore, amico.

«Sissignora.»

«Come mai?»

«Perché sono pigro, ecco perché» Davide si era stiracchiato le braccia e l'aveva guardata sornione. «E tu con chi vivi?»

«Col mio gatto.»

«Credevo fossi sposata.»

«Cosa te lo fa pensare?» Istintivamente si era guardata l'anulare sinistro e lui se n'era accorto, era meglio dire la verità.

«Lo sono stata.»

Ecco, finalmente l'aveva detto.

«Eri innamorata di tuo marito?»

Sara aveva sospirato: «Sì. Perché me lo domandi?»

«Semplice curiosità, ho sempre pensato al matrimonio come a una gabbia.»

Ora sì che ci hai beccato!

«E tu, sei fidanzato?»

Tocca a me fare le domande. Ora.

«Fidanzato… spesso.»

«Dimenticavo la tua fama di dongiovanni.»

«Modestamente.»

Davide sembrava compiaciuto di se stesso a differenza di Sara che aveva provato un vago senso di fastidio, era arrivato il momento di dargli una lezione. «Della serie: ogni lasciata è persa?» glielo aveva chiesto con un sorriso ironico.

«Per mia fortuna ho un'ampia scelta a disposizione.»

«Di corna» aveva puntualizzato Sara.

«Anche.»

Avevano riso come due adolescenti un po' stupidi, poi lui si era fatto serio: «Se vuoi ti accompagno a casa stasera».

«Ti ringrazio, ultimamente Filippo è molto occupato» aveva indicato Antonella «con la tua amica.»

«Già… chi l'avrebbe mai detto» era incredulo, pensieroso.

«Qualcuno vuole un caffè?» Sara si era rivolta ai pochi clienti rimasti, che avevano risposto negativamente, e aveva iniziato a pulire i porta filtri.

Mancavano venti minuti alle due e l'idea di trovarsi in macchina con Davide la eccitava. L'unica nota dolente, era sempre la stessa: perché doveva costantemente dipendere da un uomo per tornare a casa?

Capitolo 42.

Di nuovo in macchina con Davide

23 settembre 2004, ore 02.00

La strada era deserta e un alito di vento faceva cadere le foglie dei platani. Sara si era stretta nelle spalle, infreddolita, mentre si allacciava la giacca di jeans fino all'ultimo bottone. L'indomani avrebbe cercato nell'armadio un indumento più caldo; che le piacesse o no l'autunno era arrivato. Stranamente non avvertiva il senso di tristezza che tutti gli anni puntualmente l'assaliva alla fine di settembre; tutt'altro, si sentiva di ottimo umore: aspettava Davide. Istintivamente aveva messo a fuoco l'uomo ch'era passato con l'auto davanti al pub, e che aveva tirato dritto.

Erano passati dieci giorni da quando l'amico l'aveva accompagnata a casa. Ricordava con precisione il cambiamento di umore e la gelosia che l'aveva sopraffatta quando lo aveva visto scherzare con la sua amica delle medie, la stessa gelosia che aveva provato nei confronti di Massimo prima di scoprire che Elena era sua sorella.

Anche da piccola aveva sofferto di reazioni eccessive: era gelosa dell'amica del cuore, era stata gelosa di Franco. Gli anni passati con Luca avevano esasperato gli aspetti negativi del suo carattere, ma non era certo giusto dare tutta la colpa al marito. La verità era che non riusciva – o forse non voleva – controllare le proprie emozioni, i propri sentimenti.

I fari dell'automobile di Davide l'avevano distratta dai suoi pensieri; lui aveva aperto la portiera e le aveva fatto cenno di salire.

Cerca di non combinare altri casini, stavolta.

«Freddo?» Davide aveva acceso il riscaldamento e si era messo a frizionarle le braccia, con energia.

«Hai finito di sballottarmi?»

«Non ti facevo così delicata.»

«Delicata un corno!» aveva contratto il bicipite «guarda che muscolo.»

Davide le aveva tastato il braccio ridendo: «Io non sento niente» aveva irrigidito il braccio destro, spocchioso «questo è un muscolo».

Sara ne aveva approfittato per fargli il solletico al fianco. Lui, stavolta, aveva reagito e le aveva bloccato le mani. «Pace.»

«E pace sia» Sara aveva riso. «Posso?» senza aspettare risposta gli aveva toccato il bicipite «Wow!».

Lui l'aveva guardata in tralice mentre innestava la marcia e aveva recitato la parte da duro: «Ora sai con chi hai a che fare».

«Anche tu» lei voleva avere sempre l'ultima parola.

Davide non aveva reagito, concentrato nella guida.

Sara era rimasta in silenzio mentre lo osservava di sottecchi. «Hai intenzione di farti crescere i capelli?»

«Nossignora, domani vado dal barbiere, contenta?»

«Sì, però non tagliarli troppo.»

Lui aveva scosso la testa divertito: «Cercherò di accontentarti». Poi aveva cambiato discorso: «Ti va di andare al cinema domenica pomeriggio?».

«Al cinema… magari; a vedere cosa?»

«*The Bourne Supremacy*[4], se ti piacciono i film d'azione.»

«Certo che mi piacciono! Due anni fa ho visto *The Bourne Identity*[5]. Bellissimo.»

«Con tuo marito?»

«Figurati, non è il suo genere. Sono andata da sola.»

«Davvero? A me non piace andare al cinema da solo.»

«Neanche a me, le rare volte che mi capita mi siedo sulla poltrona a fianco del corridoio e vicino a una coppia» si era tirata su il bavero. «Di esperienze sgradevoli ne basta una.»

«Ti è successo quando sei andata a vedere *The Bourne Identity*?»

«No, tanti anni fa, ero al cinema della parrocchia con un'amica.»

Davide si era girato di scatto: «Stai scherzando».

---

4 *The Bourne Supremacy,* film del 2004 diretto da Paul Greengrass, sequel di *The Bourne Identity.*

5 *The Bourne Identity,* film del 2002 diretto da Doug Liman.

«Affatto. Era una domenica pomeriggio e la sala era semideserta; ricordo che alla mia destra non c'era nessuno, la fila era completamente vuota. Verso la metà del primo tempo è arrivato un tizio che si è seduto sulla poltrona a fianco. Ero così ingenua che lì per lì non mi sono preoccupata, ero solo contrariata, non capivo perché con tanti posti liberi, si era seduto proprio vicino a me. Ancora oggi in metropolitana se c'è posto, evito di sedermi vicino a qualcuno.»

Davide l'aveva interrotta: «Secondo me sei snob».

«Non è vero, sono solo ...riservata. Tu, invece no?»

«Non saprei, sono anni che non prendo i mezzi pubblici.»

«Sarei io la snob?»

Davide aveva alzato le spalle: «Cosa è successo al cinema?».

«Mi sono girata indispettita, avrei voluto fulminarlo, ma lui aveva il capo chinato, per un attimo ho pensato stesse cercando qualcosa, invece... si stava masturbando. M'è preso un colpo. Ero inebetita, paralizzata dalla paura. Per fortuna è intervenuta la mia amica che se n'è accorta e l'ha minacciato di chiamare il prete, a quel punto il figlio di puttana si è dileguato. Non ho altri ricordi di quel pomeriggio.»

Davide aveva spento il motore: «Spero di non averti rovinato la serata».

«Figurati! È passato tanto tempo... però c'è una cosa che mi rode ancora» Sara si era mordicchiata la pelle dell'indice sinistro.

«Ti rode non aver reagito» aveva detto Davide.

Sara l'aveva guardato perplessa: «Esatto».

«Anche a me è successa la stessa cosa.»

«Davvero? Povero... quanti anni avevi?»

«Quattordici.»

«Com'è successo?»

«Un uomo, seduto al mio fianco ha allungato la mano...»

«Non ci posso credere. E tu cos'hai fatto?»

«Niente, ero scioccato, come te. Quando mi sono ripreso, mi sono alzato e sono uscito di corsa dalla sala.»

«Eri solo?»

«In realtà dovevo andarci con una ragazza, che però non si è presentata, pensa che avevo già comprato i biglietti.»

Il volto di Davide esprimeva malessere e mortificazione.

Sara aveva cercato di dare un volto all'adolescente che aveva dato buca a Davide. La prima immagine che le era venuta in mente era quella di una biondina coi capelli a caschetto e un seno abbondante, insomma il ritratto della Giò.

Per quale motivo la ragazza non era andata all'appuntamento? Sara si era fatta una domanda e si era data la risposta: i genitori l'avevano messa in punizione. Era l'unica spiegazione possibile. Di sicuro la quattordicenne Sara non vi avrebbe rinunciato per tutto l'oro del mondo.

Aveva osservato l'amico e se l'era immaginato imberbe mentre camminava irrequieto davanti al cinema, con in mano i biglietti comprati con la sua paghetta, e poi la delusione. E, come se non bastasse, era stato pure molestato, proprio lui, grande e grosso com'era, da non crederci. Ne aveva provato compassione e, anche se non voleva ammetterlo, quella scena, patetica in fondo, le aveva scatenato una qualche ilarità.
Per sdrammatizzare aveva cambiato discorso: «Mi sarebbe piaciuto conoscerti da giovane, scommetto che ci saremmo divertiti un sacco».

Davide l'aveva guardata con attenzione. Si era chinato su di lei e le aveva scostato una ciocca di capelli, lentamente: «Com'eri a quattordici anni?».

Sara aveva provato un brivido al contatto con la mano di Davide. Era così calda che si era sentita andare a fuoco. Per un attimo aveva avuto l'impressione che lui volesse baciarla, era rimasta immobile indecisa sul da farsi. Aveva prevalso la sua innata diffidenza. «Triste» aveva cercato le chiavi di casa nella borsa e Davide si era appoggiato al sedile. «Perché?» le aveva chiesto.

«Perché ne dimostravo meno, molto meno, non avevo seno, né il ciclo, niente. Le mie compagne di classe sembravano donne in confronto a me e io soffrivo, mi sentivo inferiore.»

«Secondo me eri una piccola peste già allora» Davide le aveva ravviato i capelli. «Tieniti libera domenica pomeriggio.»

«Certo, sono la tua *bodyguard*, se domenica qualcuno ti infastidisce ti difendo io» era rientrata nel ruolo.

«Fila a nanna, sbruffona.»

«E tu vai subito a casa.»

Sara era scesa dall'auto, l'aveva salutato con la mano, davanti al portone, civettuola. Mentre saliva le scale si era fermata sul pianerottolo del secondo piano colta da una irrefrenabile risata, ma si era trattenuta fino a quando era entrata in casa. Per tutta la serata aveva riflettuto sulla possibilità di intraprendere una relazione con due uomini e invece... *Eccoti qui, sola come sempre.*

Per qualche motivo ignoto, aveva paura. Paura di Massimo perché gli sembrava troppo coinvolto. E paura di Davide, perché temeva di essere troppo coinvolta.

Capitolo 43.

Finalmente domenica

26 settembre 2004, ore 11.00

Era arrivata domenica. Sara si era versata il caffè e l'aveva sorseggiato senza fretta mentre Merlino divorava la sua scatoletta di tonno e sardine.

Era uscita sul balcone a fumare una sigaretta, appoggiata alla balaustra assaporava la calma domenicale. Per la prima volta, dopo tre mesi, avrebbe passato un pomeriggio diverso; la prospettiva di andare al cinema con Davide la elettrizzava e poi lei adorava i film d'azione. L'unico a non essere contento sarebbe stato Merlino. Come se le avesse letto nel pensiero, il gatto si era strusciato sulle sue gambe. Sara lo aveva accarezzato. «Piccolo, appena trovo un lavoro decente prendiamo una gatta, così non sarai più solo.»

Era rientrata in casa con un pensiero fisso in testa. Il lavoro al pub le aveva permesso di essere indipendente, ma non era più sufficiente per pagare le spese condominiali, le rate mensili a Luca, e poi c'erano il veterinario e gli imprevisti e i soldi da restituire a Franco per le spese del notaio, senza contare quelle dell'avvocato per la separazione e poi voleva adottare una gatta così la famiglia sarebbe stata al completo.

Seppur a malincuore doveva trovare un altro impiego, ma fino a quel momento nessuno aveva risposto alle sue domande di lavoro.

Era quasi un anno che viveva alla giornata e la mancanza di sicurezze cominciava a pesarle.

44

Al cinema con Davide

26 settembre 2004, domenica pomeriggio

Inchiodata alla poltrona, fissava ipnotizzata le immagini mozzafiato dell'inseguimento. Ce l'avrebbero fatta Marie e Jason a sfuggire al cattivissimo Kirill[6]? Era tale la tensione che senza volerlo aveva stretto il braccio di Davide e ne aveva intuito la tensione.

Aveva trattenuto a stento un'espressione di rammarico quando Marie era stata colpita da un proiettile. D'istinto si era girata verso Davide e aveva visto sul suo volto un'espressione di disappunto.

Per tutta la durata del film erano rimasti incollati allo schermo fino a quando erano apparsi i titoli di coda. Solo allora si erano abbandonati sullo schienale, soddisfatti.

Erano usciti dalla sala galvanizzati; un attimo prima che scattasse il rosso avevano attraversato di

---

[6] Kirill è l'antagonista di Jason Bourne nel film The Bourne Supremacy (2004). Sicario dei servizi segreti russi che ha il compito di uccidere Jason.

corsa la strada ed erano saliti in macchina. Davide l'aveva aiutata ad allacciarsi la cintura di sicurezza. «Non riesci mai al primo colpo, vero?» l'aveva guardata con curiosità come se lei appartenesse a una specie aliena.

«Scusa, ma perché me lo chiedi, ti disturba?»

«No, però mi fa ridere.» Prima di darle il tempo di rispondere le aveva chiesto: «Ti è piaciuto il film?»

«Sì, però *The Bourne Identity* era più bello.»

«Decisamente.»

«E poi a me Marie piaceva... non doveva morire.»

«Sei romantica.»

Sara l'aveva guardato con malizia. «Ti dà fastidio?»

«Affatto. Mi piacciono le donne romantiche e... cacasotto.»

«Spiritoso... la prossima volta metterò del Guttalax nel tuo Campari *shakerato*.»

«A proposito di Campari, ti va un aperitivo al Bar Basso?»

Sara aveva guardato l'orologio: «Mi piacerebbe... ma devo tornare a casa per dare la pappa a Merlino e fargli un po' di compagnia prima di andare al lavoro. Ti inviterei volentieri ma ho il frigorifero vuoto.»

«Birretta e patatine?»

«Ho solo una birra, nient'altro.»

«Le compriamo e le beviamo a casa tua... sempre che il tuo gatto sia d'accordo.»

«Ma certo, Merlino sarà felice di conoscerti.»

Davide aveva messo in moto e si era fermato a pochi metri dall'Alterego.

Istintivamente Sara l'aveva trattenuto per la spalla: «Davide non voglio che ci vedano insieme».

«Perché, che c'è di male?»

«Niente, ma non voglio pettegolezzi. Per favore.»

Lui, seppure non convinto, l'aveva accontentata. «Se ti fa stare più tranquilla rimani in macchina.» Era sceso, aveva chiuso la portiera con poco garbo.

«E non dire a nessuno che sono qui» si era sporta dal finestrino.

Davide si era voltato sbuffando. «Ho capito, non sono scemo.»

Era entrato nel bar e ne era uscito dopo pochi minuti con due sacchetti di plastica. Li aveva appoggiati sul sedile posteriore ed era ripartito senza guardarla.

Sara l'aveva guardato di sottecchi: «Davide, non è per te... semplicemente non voglio commenti da parte di Filippo o Antonio o chicchessia».

«Sembra che ti vergogni di me» l'aveva guardata incupito.

«Non dire stupidaggini. Perché mai dovrei vergognarmi di te, sei pure figo!»

Perfetto. Si era tradita.

Lui aveva sorriso rinfrancato. «Ah... mi trovi figo?» era evidente che si divertiva a metterla in imbarazzo e c'era riuscito in pieno. Sara era arrossita violentemente. «Quanto sei scemo!»

Davide aveva parcheggiato. «Sicura di volermi invitare? Non vorrei che i tuoi vicini pensassero male.»

Sara si era girata spazientita per prendere i sacchetti sul sedile posteriore e lui l'aveva fermata: «Non voglio crearti problemi, mi sembra che te ne fai già abbastanza».

«Non ho un cazzo di problema e tanto meno me ne faccio. Semplicemente ci tengo alla mia *privacy* e soprattutto non mi fido del tuo amico Filippo. Tutto qui.» Prima che lui potesse rispondere gli aveva consegnato i sacchetti: «Andiamo, sono quattro piani di scale, a piedi».

Merlino era lì ad attenderla, Sara l'aveva preso in braccio e mostrato con orgoglio. «Ecco il mio topolino.»

«Alla faccia del topolino, peserà sei chili.»

«Per tua conoscenza, pesa cinque chili e due etti, e non è grasso è… robusto. Come te.»

Beccati questa!

«Grazie, sei gentile.» Davide si era rivolto al gatto: «Scusa Merlino non volevo offenderti».

Sara gli aveva indicato la sedia con un sorriso ironico: «Così va meglio. Prego, accomodati».

Davide aveva tolto dal sacchetto quattro bottiglie di birra e le aveva date a Sara. «Queste mettile nel frigorifero.»

«Sono troppe! Non dovevi.»

Aveva posato sul tavolo due bicchieri e mentre Davide stappava due bottiglie di *McFarland* aveva aperto una scatoletta per il gatto. «Mangia, piccolo» poi si era seduta di fronte all'amico. «Perché mi guardi così?»

«Non ti ho mai vista così tenera, per te quel gatto è come un figlio, vero?»

Sara aveva bevuto un sorso di birra: «È tutta la mia famiglia».

Lui l'aveva guardata perplesso: «Ti manca tuo marito?».

«Neanche un po'» Sara aveva pronunciato le parole con intensità, come se stesse parlando a se stessa. Poi con allegria aveva soggiunto: «Non vedo l'ora di essere separata, legalmente».

Davide le aveva versato il contenuto della bottiglia: «Non riesco a immaginarti sposata».

«Cioè?»

«Be'... le persone sposate sono diverse, sono tranquille e tutto sommato prevedibili.»

«E quindi?»

«Ecco... tu sei inquieta, imprevedibile e lunatica, ecco cosa sei.»

«Grazie, sei in vena di complimenti.»

Davide aveva cambiato discorso: «Come ci si sente a vivere da soli?».

«Non lo sono, c'è Merlino; comunque vivevo da sola anche prima di sposarmi, quindi non ho fatto fatica a riabituarmi, è un po' come andare in bicicletta.»

«Tuo marito adesso dove vive?»

«A casa della sua fidanzata.»

«Ah, e tu?»

«Io cosa?»

«Sei fidanzata?»

«No, perché me lo chiedi?»

«Così... pensavo avessi una storia con il tipo che era all'Alterego settimana scorsa.»

«Quale tipo?»

«Quello che stava incollato al banco e non ti mollava, gli ho consigliato la *greek salad*, ti ricordi?»

«Ah... ho capito di chi parli. No, no, è solo un amico» aveva guardato le lancette dell'orologio che segnavano le sette. «Non voglio farti fretta, ma tra un po' devo prendere la metropolitana.»

«Con la macchina impieghiamo cinque minuti». Si era guardato intorno. «Mi fai vedere l'appartamento?»

Sara l'aveva guardato stupita. «Ok» aveva risposto con una punta di diffidenza.

Davide si era soffermato davanti all'entrata del salotto. «Questa casa non sembra tua, non rispecchia la tua personalità.»

«In effetti l'ho trascurata» aveva pronunciato le parole con noncuranza per nascondere l'imbarazzo.

Davide era entrato nella stanza vuota di Luca, al centro della quale spiccava la lettiera. «Non mi dire... Merlino ha un bagno tutto suo?»

Sara aveva fatto una smorfia. «Spiritoso. Questo era lo studio del mio ex marito. Devo ancora sistemarlo» aveva aperto una porta. «Questo è il bagno, appena ho un po' di soldi lo rifaccio.» Era entrata, alle sue spalle Davide si era soffermato davanti allo specchio a guardare una foto appiccicata con lo scotch. «E questa chi è?» aveva chiesto mentre un sorriso gli apriva gli angoli della bocca.

Sara era arrossita: «Io a vent'anni».

Lui aveva acceso la luce e aveva esaminato con attenzione la fotografia che mostrava in primo piano l'immagine di una ragazza coi capelli biondo cenere che sorrideva al sole con gli occhi socchiusi. «Che carina!» aveva esclamato.

«Mi stai dicendo che ora sono un cesso?»

«No, però ti preferisco coi capelli lunghi; perché te li sei tagliati?» si era girato di tre quarti, le aveva accarezzato i riccioli e sfiorato il collo.

Sara era trasalita. Era in trappola. Quel maledetto bagno era stretto e lungo, così stretto che tutti i sanitari erano posizionati solo su un lato. Per uscire, Sara, aveva due opzioni: scavalcare l'amico o chiedergli di spostarsi. La prima soluzione era impraticabile considerata la sua stazza… la seconda era fattibile, ma non se la sentiva di dirgli: "Scusa, mi fai passare?". In tal modo gli avrebbe dimostrato di avere paura e Dio sa se ne aveva.

Si era appoggiata al muro, indifferente al tocco

freddo delle piastrelle. Gli eventi avrebbero deciso e forse avrebbe capito se lui era realmente attratto da lei, o se stava semplicemente scherzando, come era sua abitudine fare con tutti e... con tutte.

Doveva ammettere che le dava maledettamente sui nervi il suo successo con le donne, il suo compiacersi dei loro sguardi di ammirazione.

Lei, al contrario, era riuscita a instaurare con Davide un rapporto di amicizia, e ne andava fiera. Fino a quel momento era riuscita a tenere sotto controllo l'attrazione che provava nei suoi confronti, ma c'era un limite.

L'aveva guardato con attenzione e per la prima volta aveva notato i suoi occhi color nocciola screziati di verde, cangianti. Occhi che le stavano parlando. Non aveva più bisogno di conferme.

Aveva reclinato il capo all'indietro mentre lui le accarezzava la nuca e il collo, sentiva il calore delle sue dita in tutto il corpo. Di nuovo aveva avvertito la contrazione che le aveva tolto il respiro due settimane prima sotto la doccia. Era sfinita da quel tira e molla, da quel tentennamento, e soprattutto aveva voglia di lasciarsi andare.

Davide l'aveva intuito. «Andiamo in un posto più comodo» le aveva bisbigliato.

Stavolta non è un sogno, si era detta, mentre lo seguiva col cuore in tumulto.

45

Vatti a fidare degli uomini

26 settembre 2004, ore 21.20

Davide aveva fermato l'automobile a cento metri dal pub. «A dopo Sara.»

«A dopo.» Sara aveva fatto il gesto di aprire la portiera, ma ci aveva ripensato, era sprofondata nel sedile, gli occhi socchiusi. «Non ho voglia di andare» aveva affondato il viso nel suo maglione.

Lui l'aveva attirata a sé. «Posso dormire da te stanotte?»

Sara si era fatta seria: «Devo dirti una cosa».

Davide l'aveva interrotta: «Ho capito, non devi darmi spiegazioni, come non detto».

«Guarda che non hai capito, volevo solo dirti che a volte russo, cioè faccio uno strano verso con la gola, almeno così mi è stato detto» aveva finto di guardare nella tasca della borsa per nascondere l'imbarazzo.

Davide aveva riso, sollevato: «Vorrà dire che ti sveglierò».

«Con gentilezza, però, mi raccomando.»

Lui l'aveva guardata perplesso e Sara si era spiegata meglio. «Mio padre russava come un trombone, non c'era verso di farlo smettere, l'unico modo era tirargli dei gran calci, mia madre lo faceva sempre.»

«Spero che tu non abbia preso da tua madre.»

«Purtroppo sì. Perché anche tu russi?»

«Già e non voglio che tu mi prenda a calci nel sonno.»

«E chi l'ha detto che dobbiamo dormire, sei già stanco? Ti credevo più resistente.» L'aveva guardato di sottecchi con un sorriso impertinente.

«Sta' attenta a non provocarmi» Davide l'aveva immobilizzata con una stretta potente.

«Mi fai male!»

«Scusa, scusa, non volevo.»

Era sinceramente mortificato. Sara glielo aveva letto negli occhi, ma voleva la conferma. «Tu non mi faresti mai male volutamente, vero?» aveva chiesto, seria in viso.

Lui aveva fatto segno di no con la testa, le aveva preso il volto tra le mani: «Ci vediamo più tardi Stachanov».

A malincuore era scesa ed era rimasta a guardare l'auto di Davide allontanarsi. Soltanto ora si rendeva conto che non aveva avuto il tempo di farsi una doccia, eppure stranamente non provava disagio, lei che era una maniaca dell'igiene; anzi a essere sincera era contenta di sentire addosso l'odore di Davide. Le avrebbe tenuto compagnia tutta la sera fino a quando l'avrebbe visto entrare nel locale. Il pensiero di rivederlo la rendeva euforica. Dannatamente euforica.

Era la prima volta che arrivava al lavoro in ritardo. Appena entrata nel locale, aveva scorto Filippo armeggiare dietro il banco, mentre Giò le passava davanti con due piatti di spaghetti allo scoglio che emanavano un profumo invitante. «Vade retro Satana, sono a digiuno da stamattina» aveva mormorato alla cameriera. La ragazza aveva indicato il gestore con un cenno del capo. «È di pessimo umore» a bassa voce.

Meglio prendere il toro per le corna, aveva pensato. Gli era andata incontro: «Ciao Filippo».

«Sei in ritardo» l'aveva guardata con sospetto, aspettando una giustificazione che non era arrivata. «Immagino che hai già mangiato, quindi accomodati, il banco è tutto tuo.»

«Mi lavo le mani e arrivo subito.»

In realtà era affamata, aveva mangiato una pera e un grappolo d'uva a pranzo e questo era tutto.

All'ingresso della cucina l'aspettava lo *chef*. «*Nennella,* ti preparo qualcosa?»

Sara l'aveva guardato con riconoscenza. «Grazie, appena mi libero vengo a trovarti.»

Antonio le aveva fatto l'occhiolino: «Intanto assaggia questo». Le aveva messo su un piatto un triangolo di mozzarella in carrozza e Sara l'aveva divorato.

Era rientrata in sala, Giò l'aspettava seduta sullo

sgabello con la prima comanda. «Un Vermentino e due calici per il tavolo due.»

Sara aveva posato sul vassoio la bottiglia di vino bianco insieme ai bicchieri. «Poi?» le aveva chiesto.

«Sara, devi aprire la bottiglia, inoltre questo non è Vermentino, è Sauvignon.»

Sara si era messa una mano sulla fronte. «Che sciocca! La cambio subito».

La cameriera aveva appoggiato i gomiti sul banco e si era protesa verso di lei. «Arrivi tardi, sei distratta e…»

«E cosa, Sherlock?»

«Non ti ho mai vista così, tu non me la racconti giusta» Aveva appoggiato il seno sul ripiano del banco e Sara non aveva potuto fare a meno di notarlo. «Che tette che hai Giò!» aveva esclamato.

«Non cambiare discorso. Cos'hai fatto oggi?»

«Sono andata al cinema.»

«Con Davide, vero?»

Sara era impallidita. «Te l'ha detto lui?»

«No, ho sentito Filippo che lo diceva ad Antonio.»

A un tratto le sembrava che il mondo le fosse crollato addosso, si era sentita tradita e vulnerabile. Era stata sciocca a fidarsi di Davide, a fidarsi degli uomini. Aveva fissato la ragazza con durezza e le aveva chiesto con tono fermo: «Cos'altro ha detto Filippo?».

«Niente di particolare». Giò aveva distolto lo

sguardo, scrutava un calice contro luce, come per assicurarsi che fosse perfettamente pulito.

Sara si era sentita offesa da quel tergiversare, ma se voleva conoscere la verità, doveva cambiare tattica. Le aveva preso la mano che stringeva il bicchiere e le aveva sorriso con tristezza. «Ho bisogno di saperlo, per favore.»

Giò c'era cascata e aveva vuotato il sacco. «Ha fatto una battuta sulla durata del film, "il più lungo nella storia del cinema", ha detto e poi...» Si era schiarita la voce e Sara l'aveva incitata. «E poi? Vai avanti, ti prego.»

«Ha concluso dicendo: a meno che, dopo il cinema, abbiano fatto altro.»

Sara aveva immaginato il tono sarcastico e cattivo di Filippo. «E Antonio come ha reagito?» aveva chiesto, con rabbia.

«L'ha sgridato perché la mozzarella che aveva comprato non era di bufala.»

Giò non era riuscita a trattenere una risata e Sara aveva mandato un bacio immaginario al suo papà adottivo.

46

Amarezza e sdegno

26 settembre 2004, ore 23.10

Aveva passato il resto del tempo a pensare a come vendicarsi. Si sentiva tradita da Davide, perché di tradimento si trattava.

Non aveva scusanti, e non era necessario il contraddittorio, perché lei aveva già emesso il verdetto di colpevolezza.

Questo pensiero fisso le aveva fatto commettere diversi errori, aveva confuso le ordinazioni e più di un cliente si era lamentato.

«Si può sapere cos'hai stasera?» Filippo le aveva mostrato l'ordine. «Qui c'è scritto due Daiquiri, non due Margarita».

«Hai ragione, la verità è che ho un gran mal di testa.»

«Poverina... proprio oggi che avevi il pomeriggio libero; ora capisco perché sei arrivata tardi» aveva sorriso beffardo.

Sara era stata al gioco. «Ho il ciclo» gli aveva risposto una frase qualsiasi, tanto per zittirlo e c'era riuscita; l'aveva guardato uscire nel cortile con il telefonino. Ora finalmente poteva interrogare Antonio. Si era affacciata sulla porta della cucina.

«Eccoti qui, ce ne hai messo di tempo.» Il cuoco aveva infilato nel microonde un piatto, Sara aveva intravisto un trancio di frittata e ben quattro fette di mozzarella in carrozza. Le era venuta l'acquolina in bocca; il crampo allo stomaco che non le aveva dato respiro nell'ultima ora si era finalmente sciolto e, visto che non poteva "mangiare" Davide, avrebbe gustato i manicaretti dello *chef*.

«Non ho avuto un attimo di tregua, e come se non bastasse mi cura a vista.» Aveva preso il piatto che Antonio le stava porgendo. «Posso sapere cosa ti ha detto Filippo, del mio ritardo?»

«Gli ho chiesto come mai non arrivavi e mi ha detto che eri andata al cinema con Davide.»

«Nient'altro?»

Antonio aveva scosso la testa: «Solo fesserie, però non l'ho mai visto così incazzato».

Sara aveva sorriso sarcastica. «Non mi meraviglia, è geloso di Davide. Se non fosse fidanzato con Antonella, penserei che è gay.»

«Mi sa che il fidanzamento è saltato.»

Sara era rimasta con la forchetta a mezz'aria. «Davvero?» Antonio aveva eluso la domanda. «Finisci la mozzarella prima che si freddi.»

Sara aveva ingoiato l'ultimo pezzo. «Ti decidi a parlare o no?»

«Buona eh?»

«*Maronna*» Sara aveva alzato gli occhi al cielo. Solo allora il cuoco si era deciso a vuotare il sacco, si era avvicinato e a bassa voce le aveva detto: «Stasera hanno litigato, furiosamente, dovevi sentire come *alluccava* Antonella...»

Sara l'aveva interrotto: «Strillava?».

«Come una pazza! Diceva che non voleva più vederlo, poi gli ha tirato uno schiaffo e se n'è andata. Era fuori di sé.»

Se c'era un aspetto del carattere di Antonella che Sara invidiava era l'autocontrollo e la fiducia in se stessa, insomma le era parsa una persona equilibrata. Perché mai aveva perso le staffe?

«Ecco perché Filippo è di cattivo umore, però mi sembra strano... sembravano andare d'amore e d'accordo. Non capisco.»

Aveva aperto il rubinetto dell'acqua per sciacquare il piatto prima di metterlo nella lavastoviglie quando le parole di Antonio l'avevano fatta riflettere. «Forse ha scoperto un aspetto di Filippo che non conosceva.»

«Che fosse stronzo si vedeva lontano un miglio, strano che non se ne sia accorta prima.»

«Sara, le persone non si conoscono mai abbastanza. Filippo con Antonella sembrava un altro uomo, diverso, da come lo conosciamo noi e del resto anche

Davide con te è diverso. Sei sicura di conoscerlo bene?»

«Certo. È un amico.»

«Dal quale faresti meglio a stare lontana.»

Era rimasta immobile. Poi lo stupore aveva lasciato il posto al disappunto. Che diritto aveva lo *chef* di darle consigli? Nessuno.

«Sarebbe a dire?» subito si era pentita del tono minaccioso che aveva usato con Antonio, che l'amava come una figlia e che si era rifiutato di raccogliere le insinuazioni di Filippo a proposito del "cinema". Era proprio un'ingrata. «Scusa, vai avanti» aveva balbettato.

Antonio aveva proseguito con tono pacato: «Non voglio intromettermi, lo sai che ti voglio bene e Davide mi è simpatico, ma è un debole, si lascia trascinare e soprattutto frequenta cattive compagnie».

Sara l'aveva interrotto: «In che senso cattive compagnie, scusa, a chi ti riferisci?».

Antonio aveva alzato il capo in direzione del cortile, dove Filippo stava parlando al cellulare.

Sara aveva alzato le spalle con sufficienza. «Filippo è pieno di difetti: è stronzo, tirchio e opportunista, ma non è mica un delinquente.»

Antonio aveva esitato, come se stesse scegliendo le parole. «Senti, voglio solo aiutarti...» non aveva fatto in tempo a finire la frase perché era apparso il gestore, fuori di sé. «Ecco dove ti eri cacciata! Di là c'è un sacco di gente che aspetta di bere, datti una mossa» Sara aveva salutato lo *chef* con un'impercettibile smorfia ed era uscita dalla cucina.

47

Dubbi

Domenica 26 settembre 2004, ore 23.50

Quante illusioni si era fatta solo poche ore prima! Sembravano secoli. Le sue aspettative erano andate in fumo, una dopo l'altra. E, come se non bastasse, la frase sibillina di Antonio l'aveva messa in allarme.

La serata si stava trasformando in un incubo. Un pensiero fisso le impediva di concentrarsi sul lavoro: cattive compagnie. Perché il cuoco aveva usato il plurale? C'era qualcun altro oltre a "Filippo lo stronzo", qualcuno che lei non conosceva? In ogni caso le parole usate da Antonio le sembravano eccessive. E perché mai Davide si sarebbe fatto trascinare da quello stronzo? L'unica cosa che i due avevano in comune era la poca voglia di lavorare, entrambi scansafatiche, ma, mentre Filippo era una persona limitata e insignificante, Davide era intelligente e spiritoso. Niente giustificava la loro amicizia. C'era qualcosa che le sfuggiva, avrebbe approfondito l'argomento con Antonio, prima però doveva vendicarsi.

Rientrata nella sala aveva visto Massimo seduto al

tavolo numero tre mentre ascoltava con aria distratta l'uomo che le stava di fronte. Nonostante le desse le spalle aveva un'aria vagamente familiare; solo quando si era girato di tre quarti, Sara l'aveva riconosciuto. Era Federico, un cliente abituale, logorroico e appiccicoso. Chi lo conosceva lo evitava come la peste.

Povero Massimo, c'è sempre una prima volta.

Si era completamente dimenticata di lui, eppure solo quattro giorni prima aveva provato una repentina gelosia quando l'aveva visto in compagnia di Elena.

L'aveva osservato distaccata. Non v'era dubbio che avesse gusto nel vestire, inoltre aveva la capacità di indossare con naturalezza qualsiasi tipo di abbigliamento, sportivo o elegante che fosse. Un altro punto a suo favore, quali erano gli altri? Ah, sì, ora ricordava: aspetto curato, simpatico e non era un amico come Davide, come Davide, già... fine del discorso.

Fino a due ore prima considerava il pub la sua seconda casa, ora invece si sentiva a disagio, quasi una estranea, costretta a stare a stretto contatto con un non morto, per giunta fancazzista.

«Sara.»

Sara aveva smesso di pestare il lime e si era ritrovata faccia a faccia con Massimo, appariva stremato.

«Sei riuscito a liberarti finalmente.»

Lui si era messo una mano sulla fronte. «Cazzo, non mi mollava più, dammi qualcosa di forte, ne ho bisogno.»

«Certo, anzi ti faccio compagnia.»

Le lancette dell'orologio segnavano mezzanotte, mancavano due ore alla chiusura. Al diavolo le regole, si era detta. Aveva versato il Bushmills nei rispettivi *tumbler*.

«Tua sorella è partita?» aveva chiesto con tono cordiale.

«Sì, ti saluta.»

«È stato un piacere conoscerla» aveva bevuto un lungo sorso di whiskey.

Massimo l'aveva guardata stupito. «È tutto ok?»

«Perché?»

«In genere non bevi a quest'ora.»

«Stasera faccio un'eccezione, posso?» aveva detto indispettita.

«Era solo una constatazione, non c'è bisogno di scaldarsi tanto.»

«E chi si scalda, ho solo mal di testa.»

«Con quello non ti passa di sicuro» aveva indicato il bicchiere con un cenno del capo.

«Dimenticavo che sei... il mio angelo custode.»

«Sei acida.»

«Di più, sono andata a male» aveva riso, di un riso tirato che non aveva convinto nemmeno lei.

Era sopraggiunto Filippo «Non dovresti bere se non ti senti bene» le aveva detto con tono mellifluo.

Massimo che aveva colto l'ironia aveva precisato: «Gliel'ho offerto io». Poi a Sara aveva chiesto: «Stai meglio adesso?».

«Meglio, grazie» aveva guardato Filippo con aria di sfida, lui se n'era andato con un sorriso insincero stampato sulla bocca.

Sara l'aveva seguito con lo sguardo, le labbra strette in una smorfia di disprezzo che Massimo aveva subito intercettato. «Ti controlla anche quello che bevi quel pidocchio?»

«A quanto pare… a proposito, grazie.»

«Di che?»

«Di avermi difesa» aveva sorriso, sincera.

«Finalmente ti è tornato il buonumore.»

Oddio ci voleva altro per farle tornare l'allegria, però doveva ammettere che la presenza di Massimo la faceva sentire meno sola, meno triste.

«Te l'ho già detto che hai un sorriso bellissimo?»

Sara aveva annuito col capo ripetutamente. «Sì, sì, me l'hai già detto.»

«Perché lo penso davvero.»

«Anche questo me l'hai già detto. Ti spiace cambiare discorso? I complimenti mi imbarazzano.»

«Ok, cosa fai dopo?»

Di colpo era ripiombata nella tristezza. «Niente, vado a casa, non è serata» aveva risposto con un sospiro, mentre si chinava per prendere delle bottiglie di birra dal banco frigo.

«Ti accompagno, se vuoi» aveva insistito Massimo.

C'era qualcosa che le sfuggiva del verbo "accompagnare". "Accompagnare e poi?" ecco dov'era il problema.

Però...perché no?

Sapeva che se avesse affrontato Davide sarebbe successo l'irreparabile; l'esperienza le diceva che era meglio aspettare che le sbollisse la rabbia, poi con calma l'avrebbe messo di fronte al suo tradimento; l'avrebbe inchiodato. E lui sarebbe uscito dal pub con la coda tra le gambe, come un cane in punizione.

Stava per rispondere di sì all'offerta di Massimo, quando aveva sentito la sua voce. La voce di Davide, cazzo! Non poteva scegliere momento migliore per metterla in difficoltà, perché lei, ora, non si sentiva più sicura di se stessa, anzi a essere sincera non sapeva come destreggiarsi con quei due marcatori davanti al banco.

Mentre rifletteva sul da farsi era rimasta con la mano incollata sulla maniglia del frigorifero. Da quella posizione piegata sulle ginocchia non poteva vederli, ma la battuta di Davide: "Arrivi tardi, la corsa è già prenotata, sono il suo driver ufficiale" quella l'aveva sentita, eccome, e l'aveva resa furibonda, non tanto per la frase in sé, ma per il tono di possesso con cui era stata pronunciata.

Aveva immaginato lo sguardo di Davide, sicuro di sé, col suo sorriso di condiscendenza e di superiorità nei riguardi del perdente Massimo, del suo fin troppo evidente imbarazzo. A meno che... lei non intervenisse. E poi le articolazioni cominciavano a dolerle, insomma non poteva rimanere tutta la serata a fissare il frigo bar.

Si era alzata, aveva appoggiato sul vassoio quattro bottiglie di Corona e altrettanti bicchieri, con decisione.

Nessuno poteva permettersi di trattarla come una proprietà privata, a meno che non lo volesse lei. C'era stato un tempo, a dir la verità molto breve, in cui aveva desiderato, sentito e voluto appartenere a Luca, semplicemente perché lo amava. Era stata una sua libera scelta e chissà... avrebbe potuto provare lo stesso sentimento, la stessa sensazione nei confronti di Davide, se lui non avesse tradito la sua fiducia. In ogni caso il suo tono arrogante era intollerabile, sapeva di imposizione.

«Da quando saresti il mio *driver*?» aveva chiesto con tono pungente. Lui non aveva compreso il sarcasmo, certo com'era di essere in cima alla lista dei suoi pensieri e aveva guardato Massimo con sufficienza.

Sara si era sentita in dovere di rimettere le cose a posto. «Massimo, lui è Davide, un mio amico» poi, rivolta a Davide, aveva ripetuto la battuta cambiando gli addendi «Davide, lui è Massimo, un mio amico.»

Più chiaro di così.

I due si erano guardati con diffidenza e antipatia. Si era creato tra loro un silenzio ostile, si studiavano come due pugili prima di sferrare l'attacco. Poi Davide si era rivolto a Sara. «Il solito, grazie, e... versane uno anche per il tuo amico» si era girato verso l'avversario. «Non ho memoria per i nomi...»

«Neanch'io. Grazie per il *drink*, ma non ho voglia di whisky». Massimo si era rivolto a Sara: «Cosa mi consigli?». Lei aveva cercato di porre rimedio allo sfottò di Davide. «Ti piace il Bellini?» gli aveva chiesto con un sorriso di solidarietà.

«Mi piace tutto quello che fai» aveva risposto Massimo con calore.

Sara era arrossita e per nascondere l'imbarazzo aveva scelto una pesca bianca, matura. «E Bellini sia» aveva sentenziato.

Si era dedicata alla preparazione del *cocktail* senza più distogliere lo sguardo dagli attrezzi del lavoro, pur sapendo di essere osservata dai due uomini. Aveva lavato accuratamente la pesca, aveva tolto il nocciolo, e l'aveva tagliata a spicchi, la polpa era profumata e morbida al punto giusto per essere schiacciata nel colino. Infine aveva versato il succo nella *flûte* piegando leggermente il capo di lato. Era un gesto che le veniva naturale quando era particolarmente concentrata e che incuriosiva i clienti, più di uno glielo aveva fatto notare.

Lentamente aveva aggiunto il prosecco e come tocco finale aveva guarnito il bicchiere con uno spicchio del frutto. Aveva osservato la sua opera, soddisfatta.

Massimo che l'aveva seguita attentamente, aveva esclamato entusiasta: «Questo sì che è un Bellini!». Ne aveva annusato il profumo e, dopo averne assaggiato un sorso, aveva detto a voce alta, incurante dello sguardo malevolo di Davide: «C'è la tua anima qui dentro».

Davide l'aveva guardato con scherno. «E tu che ne sai della sua anima?» Si era girato verso Sara e le aveva chiesto: «Da quanto tempo lo conosci?». Aveva indicato Massimo con il pollice, senza guardarlo.

Sara l'aveva fissato con durezza: «Abbastanza per considerarlo un amico». Si era girata bruscamente verso la lavastoviglie per estrarre i bicchieri puliti.

Tutto quel testosterone cominciava a darle sui nervi e la gelosia dei due uomini non la eccitava più, anzi, la infastidiva. Avrebbe voluto avere una bacchetta magica per farli sparire entrambi, come per incanto. E poi… c'era ancora un ostacolo da superare: entrambi volevano accompagnarla. Doveva trovare un modo per liberarsi di loro.

Massimo era tornato all'attacco, con un sorriso finto si era rivolto a Davide: «Mi sono offerto di accompagnare Sara perché abitiamo a pochi isolati di distanza».

Sara era impallidita, sapeva che Massimo avrebbe

mantenuto il segreto, ma temeva che Davide sospettasse qualcosa. Per togliersi dall'imbarazzo era andata a recuperare dei bicchieri vuoti ai tavoli.

«Sara, lascia stare, ci penso io» aveva detto la cameriera.

«Giò, ho bisogno di respirare.»

La ragazza aveva guardato i due uomini seduti davanti al banco. «Ti capisco» aveva detto soffocando una risata. E dopo un attimo: «Quale dei due preferisci?».

«Cammina» Sara l'aveva spinta con la mano cercando di apparire burbera, ma lei non si era lasciata intimorire e aveva insistito. «Davide è figo, ma anche l'altro non è male e poi mi piace come si veste. Non trovi?» L'aveva toccata col gomito, con aria complice.

«Sì, sì, sono d'accordo» aveva risposto mentre raccoglieva l'ennesimo bicchiere. In cuor suo sperava che almeno Giovanna la lasciasse in pace, ma si sbagliava perché la ragazza, che in quel momento non era sulla sua stessa lunghezza d'onda, era anche molto tenace. «Pensi sia stato lui a dire a Filippo che siete andati al cinema?» aveva guardato Davide che stava uscendo dal locale.

«Secondo te?»

«Non ci vedo niente di male» Giò, ora era seria, voleva capire.

«Io sì, invece. Davide sa che sono gelosa della mia vita privata.»

«Scusa, ma gliel'hai detto?»

«Cosa?»

«Di non dirlo a Filippo.»

Sara aveva emesso un sospiro. «No, pensavo ci arrivasse da solo.»

«È qui che ti sbagli, dovevi dirglielo. Mia madre dice che con gli uomini non si deve mai dare niente per scontato.»

«Tua madre ha ragione… posso andare ora?»

Giò l'aveva guardata con affetto. «Dai, perdonalo, sono sicura che Davide non c'entra niente con le stronzate di Filippo, dovresti saperlo visto che vi frequentate…»

Aveva riso divertita, Sara un po' meno. «Piantala di fare la scema, e mi raccomando, non dire niente a Davide; so che sei la sua informatrice.»

Giovanna si era schermita: «Tranquilla, i tuoi segreti sono al sicuro, sono una tomba».

«Sarà meglio per te, se vuoi vivere» Sara aveva abbozzato un sorriso ed era tornata dietro il banco.

Vi aveva trovato solo Massimo, forse Davide era andato a spostare l'automobile per via del lavaggio delle strade o forse, come spesso accadeva, era andato come d'abitudine a fare un giro per locali. Comunque fosse, al momento, era un problema in meno. Si sentiva esausta. Aveva indicato la *flûte* vuota. «Ti è piaciuto?» aveva chiesto a Massimo.

«Sì» aveva risposto lui mentre fissava il calice vuoto facendolo roteare con le dita, poi era sbottato:

«Il tuo amico Davide mi sembra un po' troppo possessivo nei tuoi confronti».

Sara aveva alzato le spalle, come a significare che per lei non era importante, e lui aveva insistito: «Ti facevo più combattiva, evidentemente la tua aria da "dura" è solo un atteggiamento».

«Non sono una "dura" e non so di cosa stai parlando. Illuminami.»

«Ti tratta come se fossi una sua proprietà, e vorresti farmi credere che è solo un amico?»

Aveva ragione, però anche Massimo se fosse stato nei panni di Davide, probabilmente si sarebbe comportato nello stesso modo. In fondo erano tutti uguali, gli uomini. Doveva rimetterlo al suo posto. Nell'angolo.

Si era protesa verso Massimo. «Davide non si è comportato bene con te e mi spiace, ma la mia vita privata non ti riguarda, anche se abbiamo scopato. Chiaro?»

Lui l'aveva guardata stranito, come se la vedesse per la prima volta, sembrava deluso e come se stesse parlando a se stesso, le aveva detto: «Sai essere più stronza di un uomo… tranquilla Sara, non ti disturberò più».

Era sopraggiunto Filippo, e Massimo ne aveva approfittato per pagare il conto.

«Vai già via?»

«Sì, domani mattina devo alzarmi presto.»

«Quindi non puoi accompagnare Sara... a proposito, il suo whiskey?»

«Lo pago io» aveva risposto Massimo, prontamente.

Il gestore l'aveva guardato soddisfatto: «Allora ci vediamo».

Lui aveva fatto un gesto che non stava a significare né sì né no. «Buonanotte» aveva detto ed era uscito dal locale.

Sara l'aveva guardato allontanarsi, pallida per la vergogna, aveva voglia di piangere perché sapeva di averlo perso, ma sentiva su di sé lo sguardo indagatore di Filippo, per darsi un contegno aveva infilato i bicchieri nella lavastoviglie.

Mancava un'ora alla chiusura. Un'ora interminabile.

Il locale si era svuotato, le poche persone rimaste stavano terminando la loro consumazione.

Sara aveva iniziato a pulire la macchina del caffè, mentre Filippo faceva i conti. Antonio aveva chiuso la cucina e se n'era andato insieme a Giò.

A quell'ora del mattino il sottopasso ferroviario che collegava Via Casoretto a Via Pordenone non le piaceva per niente, lo si percorreva velocemente ma era sudicio, maleodorante e pieno di ragnatele. D'altra parte non poteva permettersi un taxi, quindi non aveva scelta.

Aveva riposto nel frigorifero la frutta e riordinato il banco. Non aveva più niente da fare.

Come se le avesse letto nel pensiero, Filippo, senza alzare gli occhi dalla cassa, le aveva detto: «Se vuoi vai pure».

Sara aveva preso la palla al balzo: «Ok».

Era andata nello spogliatoio, si era infilata il giubbotto ed era uscita nella notte, finalmente libera di dare sfogo alle emozioni che per tutta la serata aveva trattenuto a stento.

48
Aggressione e soccorso

27 settembre 2004, ore 01.20

Un'automobile che aveva rallentato l'aveva riportata alla realtà. Dal finestrino abbassato il conducente le aveva rivolto apprezzamenti pesanti e lei – che era arrabbiata con il mondo intero – aveva reagito. «Fottiti!» aveva urlato mentre affrettava il passo. Con sgomento aveva udito una frenata e, con la coda dell'occhio, aveva visto il guidatore scendere dall'auto e venirle incontro. «Cazzo!» aveva esclamato e si era messa a correre a perdifiato in preda alla paura.

Se invece dell'immaginaria Colt usata contro Davide due settimane prima... ne avesse avuta una vera avrebbe rallentato il passo e al momento giusto si sarebbe girata e gliel'avrebbe puntata contro fino a quando il meschino l'avrebbe implorata di risparmiarlo, solo allora l'avrebbe lasciato andare, non prima di avergli detto: «Bum!». Purtroppo non aveva armi, nemmeno un ombrello. D'istinto aveva afferrato le chiavi di casa, e le aveva strette nel pugno della mano destra.

Sentiva i passi dell'uomo alle sue spalle; a giudicare dal suo respiro affannoso non doveva essere molto giovane e neanche tanto in forma. Aveva tentato un allungo col cuore che le batteva in gola. All'incrocio la strada era più trafficata e avrebbe potuto chiedere aiuto, forse.

Le mancavano una trentina di metri, quando aveva scorto la figura di un individuo che le veniva incontro; per un attimo aveva pensato di portarsi sul marciapiede opposto. Tuttavia, così avrebbe perso tempo, e poi la figura che stava correndo verso di lei aveva qualcosa di familiare. Non aveva molta scelta.

Ormai lo distingueva chiaramente, non era mai stata tanto felice di vederlo. «Davide!» aveva urlato mentre gli andava incontro, ma lui l'aveva allontanata e superata; si era girata, sorpresa. Non era venuto a salvarla? L'inseguitore stava aprendo la portiera della sua auto per svignarsela, ma Davide l'aveva raggiunto e fatto cadere con uno spintone. Ah ecco.

Si era fermata stremata per riprendere fiato, ma non voleva perdersi la scena e, con un ultimo sforzo, li aveva raggiunti. Il lampione illuminava il volto dell'uomo seduto a terra con la schiena appoggiata alla macchina: guardava Davide, impaurito, eppure quando Sara aveva incrociato il suo sguardo aveva letto nei suoi occhi un lampo di disprezzo. Non ci aveva visto più dalla rabbia: «Che cos'hai da guardare, eh? Pezzo di merda».

In quel momento aveva provato l'impulso irrefrenabile di picchiarlo, ma l'idea di toccarlo anche solo con un dito la ripugnava. Eppure in qualche modo doveva sfogare la sua collera, la sua frustrazione. Si era guardata gli scarponcini che portava ai piedi, un paio di Timberland col carrarmato: una specie di arma da guerra e aveva preso la sua decisione: aveva sferrato un calcio sulla fiancata dell'auto a pochi centimetri dal volto dell'aggressore che istintivamente si era coperto il viso con la mano.

La violenza del colpo era stata tale che per un attimo Sara si era sbilanciata, ma subito aveva ripreso l'equilibrio, ed era rimasta ansimante a guardare l'ammaccatura sulla carrozzeria, poi aveva squadrato l'aggressore con aria di sfida e questi aveva abbassato gli occhi.

Davide, che fino a quel momento si era limitato a osservare la scena, aveva emesso un fischio di sorpresa, l'aveva osservata con stupore. «Posso sapere esattamente cos'è successo?» aveva domandato.

«Mi ha chiesto di fargli un pompino e quando gli ho risposto di fottersi è sceso dalla macchina e mi ha inseguita.»

«Non è vero, si è inventata tutto» aveva biascicato l'automobilista.

Quelle parole le avevano ricordato l'umiliazione subita quando era adolescente. Un uomo l'aveva molestata sul tram e, quando lei si era ribellata, lui aveva negato tutto e l'aveva derisa davanti a tutti. Nessuno era intervenuto per difenderla, nessuno; per la vergogna era scesa alla prima fermata ed era scoppiata in un pianto disperato.

A distanza di vent'anni provava la stessa sensazione di impotenza, la stessa sofferenza. Quell'essere immondo doveva ammettere la sua colpa altrimenti il calcio glielo avrebbe dato sulla bocca. Si era chinata sull'aggressore, un uomo di mezza età, trasandato, che emanava un odore di sudore stantio. «Cosa mi sono inventata? Chiedi scusa o ti sfascio la macchina» aveva pronunciato le parole cercando di dominare la rabbia.

«Scusa» aveva detto l'uomo a bassa voce, si era toccato la fronte madida di sudore e Sara aveva notato che portava la fede. «Schifoso, sei sposato e magari hai anche una figlia» gli aveva detto con disgusto.

Era intervenuto Davide: «Ora ci penso io, tu prendi il numero di targa».

Aveva sollevato per il bavero il disgraziato e l'aveva fatto sedere sul cofano della macchina, come un burattino. «Non farti più vedere, altrimenti il calcio te lo do io. E fai il bravo, ho un amico che lavora alla motorizzazione» gli aveva assestato una manata sulla spalla facendolo barcollare, poi si era girato verso Sara e l'aveva presa per mano. «Andiamo.» Insieme si erano allontanati.

Lungo il tragitto per arrivare alla macchina Sara si

era voltata più volte per assicurarsi che l'automobilista non li stesse seguendo; temeva di vederlo spuntare da un momento all'altro, armato di una pistola; l'avrebbe puntata contro Davide e sarebbe finita male per tutti.

La mano di Davide stringeva la sua, protettiva e avvolgente. Si era sentita sommergere da un'ondata di gratitudine, a tempo debito avrebbe spiegato con calma, al suo eroe senza paura che doveva imparare a tenere il becco chiuso. Ora, però, era il momento del ringraziamento.

«Davide, non so cosa avrei fatto senza di te.»

«Te la saresti cavata comunque, con le "fette" che ti ritrovi.»

Era un tratto caratteristico di Davide quello di alleggerire le situazioni più pesanti; motivo di più per essergli riconoscente. Sara lo aveva guardato di sottecchi e aveva intuito che nonostante il tono scherzoso, Davide aveva apprezzato le sue parole, sembrava quasi più alto, fiero come un cavaliere che ha difeso la sua dama. Quell'atteggiamento era durato pochi secondi, subito aveva ripreso il comportamento allegro e leggero di sempre.

«Di' la verità, te la sei fatta sotto, eh?»

«Puoi dirlo forte» aveva risposto Sara a bassa voce. Avevano riso entrambi, poi lui si era fatto serio. «Che cazzo ci facevi in strada da sola, perché non mi hai aspettato?»

«Possiamo parlarne dopo? Ho bisogno di bere qualcosa.»

Davide aveva assentito, le aveva aperto la portiera.

In macchina aveva estratto dal vano portaoggetti una fiaschetta per liquori in acciaio inossidabile e gliel'aveva data.

Sara aveva bevuto un lungo sorso ed era sprofondata nel sedile, si era massaggiata il collo e le spalle irrigidite dalla tensione, con gli occhi chiusi. Sapeva che lui la stava osservando e che voleva dei chiarimenti, avvertiva la sua impazienza e nello stesso tempo la sua esitazione, la sua paura di forzarla.

Ancora cinque minuti, si era detta, e poi avrebbe affrontato le note dolenti, ora voleva solo rilassarsi e godere di quell'attimo di tranquillità, del silenzio che precede la battaglia.

«Vacci piano con quel whiskey» l'aveva rimproverata Davide. Non era da lui dare consigli del genere, ma Sara aveva apprezzato l'intenzione. «Hai ragione, ma ne ho bisogno.»

«Lo so, ma non voglio portarti a casa in braccio e poi mi devi una spiegazione.»

«Anche tu.»

«Stai scherzando, vero?»

«Neanche un po'» aveva risposto semiseria. Cominciava a sentirsi un po' su di giri. «Fermati, ho bisogno di prendere un po' d'aria» aveva detto soffocando uno sbadiglio.

Davide aveva trovato parcheggio quasi subito e Sara era scesa dall'auto, malferma sulle gambe.

«Sara, ce la fai?»

Lei l'aveva fulminato: «Certo che ce la faccio. Non sono ubriaca, solo un po' sottosopra, ecco».

«Lo vedo» aveva risposto Davide.

Stava per rispondergli indispettita, ma si era frenata. All'ordine del giorno c'erano cose più importanti da discutere, anche se tutto sommato, la questione cinema non le sembrava più così importante, specialmente dopo mezza fiaschetta di whiskey a stomaco quasi vuoto e con i postumi di un'aggressione da parte dell'automobilista sporcaccione e pure sposato.

Avevano imboccato una stradina laterale in silenzio. L'umidità della notte attutiva i loro passi e impregnava l'aria. Sara aveva respirato profondamente per schiarirsi le idee, aveva impiegato qualche minuto per avere davanti a sé il quadro completo della situazione. L'inchiesta poteva avere inizio.

«Punto uno. Perché hai raccontato a Filippo del cinema? Ti avevo chiesto di non dirglielo.»

Davide stava per risponderle e lei l'aveva interrotto. «Fammi finire… punto secondo. Cosa gli hai detto oltre al cinema? Che sei venuto a casa mia?»

«Assolutamente no, perché?»

«Perché Filippo ha fatto delle pessime battute sul post-cinema. Ecco perché» aveva risposto spazientita.

«Terzo e ultimo. Sono una donna libera, quindi non

permetterti mai più di trattarmi come un oggetto.»

Davide si era girato di scatto, lei gli aveva puntato l'indice contro. «Ho detto: fammi finire!»

«Veramente stai parlando solo tu» aveva risposto Davide seccato e Sara si era addolcita: «Hai ragione, ti ascolto».

Lui si era schiarito la voce: «Ho sentito Filippo dopo pranzo e mi è sembrato naturale dirglielo, non pensavo ti desse fastidio, la prossima volta avvisami prima».

Sara aveva ripensato alla mamma di Giò, aveva proprio ragione a proposito degli uomini. «E non gli hai detto altro?» era passata alla seconda domanda.

«No, nient'altro.»

«Nemmeno quando sei andato a comprare le birre?»

«Nemmeno. Gli ho detto che andavo da un amico.»

Ora era molto seccato, ma Sara voleva vederci chiaro: «Evidentemente non ti ha creduto perché ha fatto delle allusioni pesanti su noi due».

«Mi spiace, ma non so che farci. Io non ho parlato, davvero.»

«Però l'atteggiamento di Filippo nei miei confronti è cambiato in peggio. Molto in peggio.»

«È nervoso perché Antonella l'ha lasciato, ecco perché.»

«Può darsi, resta il fatto che ce l'ha con me.»

«Perché mai dovrebbe avercela con te?»

«Perché è geloso di te.»

Davide aveva scosso la testa con aria di sopportazione e lei aveva concluso l'interrogatorio: «E non offendere più i miei amici».

«Di quali amici stai parlando?»

«Lo sai benissimo.»

«Ah... il tipo del Bellini. Quello vuole solo fare colpo su di te, non l'hai ancora capito?»

«Ecco vedi? Mi stai trattando come una scema.»

Si era fermata incerta; sentiva le gambe molli; istintivamente si era aggrappata al braccio di Davide per non cadere.

«Semmai, come un'ingenua» Davide l'aveva sostenuta. «Stanca, eh?»

«Tanto» aveva risposto Sara con un filo di voce, aveva appoggiato la testa sul suo petto e lui l'aveva presa in braccio, i loro volti erano vicinissimi.

«Di' la verità, sei geloso, eh?» aveva sottolineato la frase con l'indice della mano destra puntato sul naso di Davide. Era entrata nella fase della sbronza allegra.

Lui le aveva acciuffato la mano, rapido come un felino: «E tu sei gelosa di me?».

Di questo passo il discorso poteva andare avanti all'infinito...

«Mettimi giù» aveva mormorato, scalciando.

«Sicura?»

Non ne era affatto sicura, ma aveva una reputazione da difendere: «Non vorrei che ti stancassi troppo».

«Beh, in effetti non sei una piuma, quanto pesi? Sessanta chili?»

Era una provocazione bella e buona, ma lei c'era cascata. «No, cinquanta!» aveva risposto con veemenza; senza volerlo gli aveva messo le braccia al collo per alleviargli la fatica.

Davide aveva osservato divertito il movimento. «Hai intenzione di rimanere qui tutta la notte?» le aveva chiesto.

Nessuna ammissione di colpa, erano pari. La serata poteva iniziare. Aveva appoggiato le sue labbra su quelle di Davide e gliele aveva morsicate con dolcezza.

49

Incubo o realtà?

27 settembre 2004 – ore 07.50

Si era svegliata di soprassalto, nel sogno qualcuno stava forzando la serratura di casa. Al suo fianco Davide russava e lei stranamente non aveva voglia di tirargli calci, anzi, quel leggero grugnito che le ricordava Merlino l'aveva rassicurata. Aveva tirato un sospiro di sollievo, ma mentre stava per scivolare sotto la coperta aveva sentito il rumore della serratura che scattava. Dunque non era un sogno, forse un ladro? Si era chiesta con gli occhi sbarrati. Si era infilata una vestaglia ed era uscita dalla camera in tempo per vedere l'ex marito nel corridoio.

«Che cazzo ci fa qui e come sei entrato?» gli aveva chiesto esterrefatta.

«Con queste» Luca le aveva mostrato le chiavi e le aveva fatte tintinnare. «Ho suonato, ma il campanello non funziona e siccome sono di fretta sono entrato.» Si era guardato intorno in cerca di qualcosa: «Ho bisogno di un libro, devo averlo lasciato qui, a casa non lo trovo».

«Hai fatto una copia delle chiavi... come hai potuto?»

Lui aveva scrollato le spalle. «Ne avevo un altro mazzo a casa dei miei, tieni». Aveva estratto tre chiavi da un anello.

Sara se n'era impossessata, le aveva riposte gelosamente nella tasca della vestaglia. «Tienitelo pure quel costosissimo portachiavi, anzi se vuoi te ne regalo uno.»

«Fai poco la spiritosa, pensa piuttosto a pagarmi le rate della casa.»

«È quello che sto facendo, oltre agli interessi da usura...»

In quel momento la meschinità di Luca aveva messo a dura prova il suo senso di giustizia. Si era ricordata della frase che le aveva detto Franco: "Un'altra, al posto tuo, l'avrebbe spennato come un pollo". Già, ma non sarebbe stato giusto, anche se... se lo sarebbe meritato, eccome.

Era entrata nel salotto seguita dall'ex marito. Ricordava di aver visto un libro di chimica in uno scaffale della libreria e si era ripromessa di spedirlo a casa di Antonella, ma se n'era dimenticata. Aveva prontamente individuato il testo. «È questo?» glielo aveva mostrato.

Lui non aveva risposto, sembrava perplesso. «Perché parli a bassa voce, c'è qualcuno in casa?»

Istintivamente Sara si era girata verso la parete che

divideva la sala dalla camera da letto. «Non ti riguarda» aveva risposto cercando di mantenere il tono della voce fermo, ma, anche se non voleva ammetterlo, aveva paura di Luca, del suo sorriso cattivo. Senza rendersene conto aveva controllato la cintura della vestaglia per assicurarsi che fosse ben chiusa.

Lui le aveva sfiorato il viso, combattuto tra il disprezzo e il desiderio. «Sei una troia» le aveva detto.

Di colpo Sara era tornata padrona di sé, anzi l'apprezzamento poco gentile dell'ex marito l'aveva messa di buon umore. «Può darsi, ma questa troia te la puoi scordare» l'aveva sfidato, con gli occhi.

Aveva provato un piacere perverso e, per un attimo, le era balenata nella mente l'idea di stare al suo gioco per poi respingerlo e umiliarlo. Se lo sarebbe meritato, però c'era Davide nell'altra stanza e soprattutto lei non aveva più voglia di farsi trascinare da Luca in quel gioco al massacro che li aveva tenuti insieme per anni, nemmeno per vendicarsi.

«Vattene» l'aveva spinto fuori dalla stanza proprio nel momento in cui Davide era apparso nel corridoio. «Cosa succede, Sara, chi è quell'uomo?» aveva chiesto disorientato.

Sara aveva tentato di sdrammatizzare. «Non succede niente, è venuto a prendere un libro, ora se ne va» aveva indicato Luca con un movimento del capo, come se stesse parlando di un garzone.

Luca si era avvicinato a Davide, spavaldo. «Sono il

marito di Sara e tu chi cazzo sei?» aveva detto con tono minaccioso.

Davide non l'aveva degnato di uno sguardo, si era rivolto a Sara: «Davvero questo è tuo marito?».

«Ex marito» aveva puntualizzato Sara, con un certo imbarazzo.

«Ti sbagli Sara, siamo ancora sposati». Luca le aveva preso la mano e lei aveva avuto un sussulto come se l'avesse morsa un serpente velenoso.

Aveva cercato di liberarsi dalla stretta, ma lui non aveva allentato la presa. Aveva voltato la testa per non vedere il suo volto, per non rivivere quell'incubo, poi aveva sentito un tonfo e si era girata di scatto. Luca era sdraiato sul pavimento, con il sopracciglio sporco di sangue. Davide gli stava sopra col pugno ancora alzato. Sara gli aveva afferrato la mano: «Non ne vale la pena. Buttalo fuori» aveva detto con voce ferma.

Davide l'aveva trascinato fino alla porta. «Fuori dai coglioni» aveva sibilato. Luca si era alzato, livido di rabbia. «Ti denuncio» gli aveva detto con un sorriso cattivo. Poi si era rivolto a Sara: «A presto» aveva sussurrato minaccioso.

Si erano fronteggiati per alcuni secondi, poi Sara aveva rotto il silenzio: «Se ci provi racconto tutto ad Antonella e ai tuoi genitori. Te lo giuro su Merlino».

Aveva aperto la porta e mentre lui scendeva le scale gli aveva lanciato il libro di chimica che era volato sopra la sua testa, finendo sul pianerottolo del terzo piano. «Non farti più vedere!» aveva urlato. Era rientrata in casa chiudendo la porta dietro di sé e vi si era appoggiata contro.

Davide stava appoggiato al muro e la fissava, stravolto. Sara l'aveva preso per mano. «Vieni, ti faccio un caffè» le tremavano le gambe dalla paura e dalla vergogna, mentre andavano in cucina. Non c'erano parole per spiegargli quella situazione surreale, ma gliele doveva.

Aveva acceso il gas sotto la caffettiera: «Non sapevo che sarebbe venuto, te lo giuro».

«Perché l'hai fatto entrare?»

«Non l'ho fatto entrare, ha aperto con le chiavi di casa, ero convinta che me le avesse restituite tutte, invece ne aveva ancora una copia o forse ne ha fatto un duplicato, non lo so.»

«Quindi non hai cambiato la serratura?» Davide la guardava incredulo come se lei appartenesse a una specie aliena.

Sara aveva sospirato. «Non pensavo che sarebbe arrivato a tanto. In agosto ha portato via le ultime cose e mi ha restituito le chiavi...»

«Ti rendi conto che poteva aggredirti, anzi aggredirci, nel sonno?»

«Non credo sarebbe arrivato a tanto.»

Aveva versato il caffè nelle tazze e si era seduta di fronte a Davide che girava il cucchiaino nella chicchera, assorto. «Ah davvero? Il tuo ex marito si intrufola in casa tua come un ladro e tu non fai una piega? C'è qualcosa che mi sfugge a meno che...»

«A meno che, cosa?»

«Che la storia tra te e il tuo ex non sia finita.»

Sara si era alzata di scatto: «È finita da un pezzo, prima ancora di conoscere te».

«Raccontami» Davide la stava fissando con durezza «e cerca di essere convincente, per una volta.»

Stavolta Sara non aveva alternative. Aveva raccontato per sommi capi gli anni passati con Luca, senza scendere nei particolari e non aveva fatto cenno del suo tradimento, né della violenza. Incompatibilità di carattere, aveva concluso.

Davide aveva ascoltato in silenzio, amareggiato. «Non mi stai dicendo tutta la verità.»

Sara aveva accennato una difesa, ma lui l'aveva interrotta bruscamente. «Nel pomeriggio ti mando un fabbro a cambiare la serratura, non preoccuparti per i soldi, è un amico, poi ci mettiamo d'accordo.»

Sara aveva cercato di dissuaderlo, ma Davide era stato irremovibile. «È per la tua sicurezza» aveva detto con tono lapidario «e anche per quella del tuo ex marito. Se lo vedo un'altra volta lo mando all'ospedale quello psicopatico.»

«Va bene, di' pure al tuo amico di venire.»

Sara aveva riflettuto sul termine "psicopatico"

usato da Davide; lui aveva catalogato Luca in un batter d'occhio; lei ci aveva impiegato tanto, troppo tempo.

50

Di nuovo innamorata

Dal 27 settembre all'11 ottobre 2004

Per anni avrebbe ricordato le prime due settimane come le più esaltanti della sua vita. Era inebriante lasciarsi andare e godere di ogni attimo, di ogni attimo della presenza di Davide. Le sembrava di essere tornata indietro nel tempo, a quando si era innamorata di Luca, con la differenza che Davide le piaceva anche fisicamente. Era letteralmente pazza di lui.

Di tanto in tanto le riaffiorava alla mente l'immagine di Massimo che le provocava una sensazione di malessere. Sapeva di essersi comportata male, ma temeva di peggiorare le cose facendo ammenda. Le sue scuse potevano essere interpretate come un tentativo di riavvicinamento e lei non voleva illuderlo.

Esisteva anche un'altra possibilità: essere sincera fino in fondo e dirgli che lei era felice con Davide, ma aveva scartato subito l'ipotesi. La verità, almeno in quella fase, non sarebbe stata di alcun aiuto per Massimo, che probabilmente stava cercando di dimenticarla o forse l'aveva già dimenticata.

Le piaceva Massimo, più di quanto volesse ammettere, ma Davide gli era entrato nel sangue, era diventato il centro della sua attenzione, della sua vita.

Lui arrivava al pub verso mezzanotte e la mattina successiva l'accompagnava al lavoro, puntuale, e Sara passava il resto della giornata a pensare al momento in cui l'avrebbe visto entrare nel locale. Davide la faceva sentire unica. Vedeva il mondo con occhi diversi e, senza rendersene conto, sorrideva senza un motivo, perché le sembrava naturale condividere la sua felicità con il mondo intero; ma… niente è come sembra.

51

Niente è come sembra

Dall'11 ottobre all'11 novembre 2004

I giorni passavano e Davide arrivava al pub sempre più tardi finché una sera, qualche minuto prima della chiusura, Sara aveva trovato un suo messaggio sul cellulare: "Sono da amici, ti raggiungo a casa".

C'era rimasta proprio male, ma aveva finto indifferenza per non dare soddisfazione a Filippo che proprio qualche minuto prima le aveva chiesto, con un sorrisetto ironico, notizie dell'amico.

Era tornata a casa a piedi, con la tristezza nel cuore. Lo aveva aspettato rileggendo *Anna Karenina*[7], incapace di concentrarsi finché alle quattro e mezza del mattino si era addormentata vinta dalla stanchezza.

Un rumore molesto l'aveva svegliata, il suo primo pensiero era andato al mattino in cui Luca era entrato in casa come un ladro, ma subito dopo si era resa conto dell'assurdità di quella ipotesi. La serratura della porta era stata cambiata dal fabbro, amico di Da-

---

[7] Romanzo di Lev Tolstoj.

vide. Non aveva niente da temere. Stava per riprendere sonno quando il suono fastidioso aveva echeggiato di nuovo nella notte. Era il citofono.

Era corsa nel corridoio e per poco non era inciampata in Merlino che aveva il brutto vizio di infilarsi tra i piedi. Fortunatamente ne erano usciti entrambi incolumi e Sara aveva risposto: «Chi è?». Una voce impastata, da ubriaco, quasi irriconoscibile le aveva risposto: «Sono io, Davide».

Era rimasta col dito sul pulsante a riflettere. La ragione le diceva di non premere il tasto, di non dargliela vinta, di farsi rispettare, ma la dignità va a farsi fottere di fronte alla passione; alle cinque di mattina aveva aperto il portone.

Nei giorni successivi Sara aveva ricevuto altri messaggi da Davide. Le scuse erano diverse, ma il contenuto sempre lo stesso: "Ti raggiungo a casa". E infatti la raggiungeva, verso le cinque del mattino.

Dopo un mese Sara era esausta, dormiva una media di cinque ore al giorno e ne lavorava nove. Era arrivata a un punto di stanchezza tale che, appena ne aveva la possibilità, si addormentava in qualsiasi momento; non c'era più tempo per leggere o per giocare con Merlino. Esisteva solo Davide.

Esisteva solo Davide, già, che aveva scambiato il giorno per la notte. A niente valevano i tentativi per svegliarlo, ogni volta lui si girava nel letto, mugugnando. «Lasciami dormire» diceva. Finché un giorno, stanca di arrivare tardi al lavoro, Sara gli aveva lasciato le chiavi di casa.

E poi c'era stato quell'episodio increscioso, che le aveva aperto gli occhi.

Tuttora non riusciva a pensarci senza provare vergogna. L'avvocato che avevano scelto per la separazione aveva convocato lei e Luca in Tribunale per l'udienza di comparizione e lei non si era presentata o meglio era arrivata con un'ora di ritardo. Aveva tentato di giustificarsi inventando le scuse più improbabili, ma quando aveva incontrato lo sguardo indispettito del legale aveva fatto mea culpa. «Non ho sentito la sveglia» aveva abbassato la testa annichilita.

L'avvocato, intuendo il suo sconforto, aveva accennato un impercettibile sorriso di distensione. «Ho inventato una scusa, ho detto al giudice che ci state ripensando...» e dopo una pausa aveva precisato «chiederò una nuova udienza.»

«Grazie» aveva balbettato Sara in preda alla confusione. Lui aveva salutato con un cenno del capo e se n'era andato in gran fretta.

Aveva voglia di piangere per la vergogna. Per mesi aveva atteso quel momento e se l'era fatto scappare perché non aveva sentito una cazzo di sveglia. Per colpa di Davide ...per colpa sua. Pazzesco.

Era rimasta immobile con il volto tra le mani, incurante dei passanti.

«Davvero non hai sentito la sveglia?» il tono ironico

di Luca l'aveva distratta dai suoi pensieri. L'aveva guardato attraverso le dita, non era arrabbiato, anzi quel figlio di puttana sembrava compiaciuto del disguido.

Aveva provato un odio feroce nei confronti del marito e di rabbia verso se stessa mentre ripensava alle parole di Antonio: "Stai lontana da Davide". Come al solito aveva fatto di testa sua, non aveva voluto ascoltare il suo consiglio. Ma forse aveva ancora una *chance,* forse con uno scatto d'orgoglio poteva riprendere in mano la sua vita. Non avrebbe più risposto al citofono, anche a costo di passare notti insonni senza vederlo.

Aveva guardato le lancette dell'orologio, segnavano le dieci e un quarto, se si fosse spicciata sarebbe arrivata al pub a un orario quasi decente. Senza degnare di uno sguardo Luca, si era messa a correre verso la fermata del tram che stava arrivando.

52

Il lato oscuro

11 novembre 2004, ore 11.00

Era arrivata davanti al locale, col fiato in gola, mentre il cuoco stava entrando nel pub con la saracinesca a mezz'asta.

«Ciao Antonio.»

«Ciao Sara.»

Nella penombra Sara non poteva vedere il suo viso, ma aveva avvertito una nota di contrarietà e preoccupazione nella sua voce. Si era infilata il grembiule e i guanti mentre lui andava in cucina. Aveva udito il trambestio, ormai familiare, delle pentole, ma a differenza del solito, Antonio non cantava le canzoni napoletane che le piacevano tanto, segno che qualcosa non andava e quel qualcosa era lei, naturalmente.

Aveva digitato il numero di telefono di Davide per assicurarsi che si fosse svegliato e andato al lavoro. Ora le toccava anche fare da badante... il cellulare squillava a vuoto; solo al terzo tentativo una voce assonnata aveva risposto e chiuso immediatamente la comunicazione.

Sara non era riuscita a trattenere un'imprecazione, poi il suo istinto di crocerossina aveva prevalso: l'aveva richiamato per la quarta volta, ma con stupore si era resa conto che Davide aveva spento il telefono. «Fottiti» aveva inveito, isterica.

«Lascialo perdere, *nennella.*»

Sara si era voltata di scatto, pronta a difendersi come era nella sua natura, ma lo sguardo mesto e preoccupato del cuoco le aveva fatto cambiare idea. «Non ce la faccio» aveva risposto affranta.

Si aspettava un rimbrotto, una paternale, ma le parole di Antonio l'avevano sconcertata. «Avrei dovuto metterti in guardia per tempo.»

«Ci hai provato, ma non ti ho dato retta perché sono una povera stupida.»

«Non dire fesserie, vieni, ti faccio un caffè» l'aveva fatta sedere, senza che lei opponesse resistenza. Poi mentre armeggiava con tazze e cucchiaini le aveva chiesto: «Sai perché se n'è andata la cameriera che lavorava prima?».

«Immagino per colpa di Filippo.»

Il cuoco aveva appoggiato le tazzine e si era seduto di fronte a lei. «Non in questo caso, se n'è andata lei.»

«Avrà trovato un lavoro migliore.»

«No. Se n'è andata per colpa di Davide.»

«Come? Spiegati meglio» aveva alzato il tono della voce, senza volerlo. «Scusa non volevo interromperti» aveva balbettato.

Antonio aveva ripreso a parlare con evidente disagio: «All'inizio Davide la riempiva di attenzioni e lei c'era cascata in pieno, poveretta, poi...»

«Poi Davide l'ha lasciata, è così?»

«Magari l'avesse fatto; in realtà, stando a quello che mi ha raccontato Marta, lui non ha mai avuto il coraggio di dirle che la storia era finita. Era diventato sfuggente, ogni tanto le piombava in casa alle quattro del mattino e poi spariva. Spariva e ricompariva. Come la Madonna di Fatima.» Antonio aveva pronunciato l'ultima battuta con sarcasmo, ma Sara non se n'era accorta, pensava a dare un volto a Marta che aveva sofferto o forse stava ancora soffrendo per Davide. Provava compassione per quella donna e per se stessa, entrambe accomunate dalla passione per quel figlio di puttana, perché nonostante l'apparenza era un gran figlio di puttana.

A un tratto si era ricordata della ragazza alta e magra dai lineamenti marcati che aveva preso le ordinazioni all'Alterego la sera del compleanno di Franco. Dunque, era lei Marta. Avrebbe indagato, ma prima voleva capire cosa le era successo.

«Quanto è durata la loro storia?»

«Quasi un mese, un *record* per Davide.»

«Ah, davvero?»

Aveva fatto i conti: stava con Davide da un mese e mezzo, ergo: era entrata a pieno titolo nel *Guinness* dei primati. Poteva ritenersi soddisfatta. Cazzo.

Però non aveva ancora capito come e perché si erano lasciati.

Come se le avesse letto nel pensiero, Antonio le aveva chiarito l'enigma. «Quello che sto per dirti me l'ha confidato Marta e non devi farne parola con nessuno, nemmeno con Davide. Devi prometterlo.»

«Te lo giuro, qualsiasi cosa succeda.»

Antonio aveva assentito con la testa, era chiaro che si fidava di lei, ciononostante sembrava restio a sputare il rospo. Doveva essere decisamente grosso.

Per facilitargli il compito, e anche per interesse personale, Sara si era esposta. «Davide ultimamente è cambiato, a volte penso che voglia più bene ai suoi amici, che a me».

«È qui che ti sbagli, Davide non vuole bene a nessuno, semplicemente perché non può, è troppo egoista; quanto agli amici, è solo una questione d'interesse.»

«Quale interesse?» Sara l'aveva guardato perplessa, ma lui l'aveva ignorata e aveva ripreso il filo del discorso. «Dopo una quindicina di giorni, Marta è venuta a sapere che lui aveva un'altra. Ha provato a chiamarlo diverse volte per avere una spiegazione, ma lui non le ha mai risposto.»

Anche Davide, dunque, aveva un lato oscuro, come Luca. Ora poteva vederlo con chiarezza lancinante.

«E poi com'è andata a finire?» aveva chiesto al cuoco.

«Per fartela breve, Marta ha praticamente smesso di mangiare, finché una mattina si è sentita male. Da quel giorno non è più tornata al lavoro. È stata in cura un po' di mesi, ora per fortuna sta meglio. Non voglio che capiti anche a te.»

Sara si era sentita in dovere di rassicurarlo e l'aveva abbracciato con impeto: «A me non capiterà Antonio, mangerò sempre le tue pietanze, sempre».

«Però sei dimagrita, sembri malata. Non permettere a Davide di logorarti.»

«Ci provo» aveva risposto con voce incolore.

Di ritorno a casa si era guardata allo specchio. Aveva ragione Antonio: sembrava malata e presto lo sarebbe stata davvero, a giudicare dalle sue occhiaie e dal suo colorito malsano. A poco a poco si sarebbe consumata, notte dopo notte, ad aspettare Davide, con la speranza che, per chissà quale strana magia, il nastro del tempo si sarebbe riavvolto per poi fermarsi a quelle due settimane in cui era stata incredibilmente felice con lui.

Aveva riflettuto sulla sofferenza, sulla malattia di Marta, sul suo lasciarsi andare e aveva concluso che il pericolo per lei, Sara de Rosa, non era l'anoressia, semmai la follia o meglio: l'anticamera della follia. Aveva già dato, per così dire.

Già in passato aveva varcato la linea di confine con Luca, ed era riuscita a tornare indietro senza commettere errori irreparabili; all'ultimo minuto si era sempre trattenuta, come quella volta che aveva provato l'impulso di colpirlo con un coltello, non sapeva nemmeno lei dove, forse al petto dove le ossa avrebbero fatto da scudo in modo da non ucciderlo.

Per fortuna aveva ascoltato la voce della sua coscienza, o della sua anima? Davvero non lo sapeva, ma quella voce l'aveva fermata, evitandole rimorsi e sensi di colpa nei confronti di una persona che a distanza di tempo non avrebbe contato più niente per lei.

Come essere sicura di non ricadere in quel baratro e di uscirne indenne?

Si era sdraiata sul letto e si era addormentata ninnata dalle fuse di Merlino.

53

La decisione

Dall'11 al 18 novembre 2004

Nei giorni successivi aveva meditato a lungo. Davide era sparito senza dare spiegazioni e dopo una settimana, stanca di aspettarlo, aveva preso una decisione. Lo avrebbe affrontato finché aveva un briciolo di giudizio e di energia per giocare quella partita. Sapeva di avere di fronte un avversario quasi invincibile, mentre lei era praticamente già sconfitta, ma non aveva alternative. Il racconto di Antonio le aveva aperto gli occhi.

Evidentemente Davide non era in grado di prendersi delle responsabilità, di prove ce n'erano più d'una: a trentaquattro anni viveva ancora a casa con i genitori e non si era mai posto seriamente il problema di diventare autosufficiente; la libertà avrebbe comportato inevitabili sacrifici e lui, era evidente, non aveva voglia di farne. Con lei, poi, si comportava come un adolescente viziato incapace di stabilire una relazione di reciprocità. Probabilmente non ne era consapevole. Stava a lei metterlo di fronte al problema.

E se Davide non aveva il coraggio di dirle che la loro storia era finita, l'avrebbe fatto lei.

Nel pomeriggio gli aveva mandato un messaggio: "Devo parlarti" ed era rimasta a fissare il *display* sperando in una risposta, finché si era addormentata.

Si era svegliata senza capire se fosse giorno o notte. Aveva guardato il telefonino, c'era un messaggio di Davide: "Passo stasera all'Alterego".

Si era precipitata in bagno. Voleva che lui la ricordasse nel migliore dei modi se si fossero lasciati. Aveva indugiato davanti all'armadio e infine aveva scelto un paio di jeans blu attillati e una blusa di flanella color turchese, scollata; si era asciugata i capelli con il diffusore per dare risalto ai riccioli e si era truccata gli occhi. Mentre passava davanti alla cassetta delle lettere aveva visto che era stracolma di corrispondenza, l'aveva infilata nella borsa e si era incamminata verso la fermata della metropolitana.

Erano le otto e mezza di sera quando era entrata nel locale; Filippo le aveva gettato un'occhiata malevola. «Oh… ci siamo messe in ghingheri e siamo pure truccate, e sei in ritardo.»

Il turno di lavoro serale iniziava alle nove e non stava scritto da nessuna parte che, per cenare, Sara dovesse necessariamente arrivare alle otto, era arrivato il momento di metterlo in chiaro. «Non sono in ritardo» aveva risposto con tono brusco.

«Però devi ancora mangiare.»

«Mi basta mezz'ora». Era andata a lavarsi le mani e poi in cucina dove Antonio l'aveva accolta con calore. «Come siamo belle stasera, qualcosa da festeggiare?»

«Temo di no» si era voltata verso i fornelli per sottrarsi al suo sguardo, poi a bassa voce gli aveva chiesto: «Antò, posso mangiare qui? Per piacere».

«Siediti, bella di papà» Antonio aveva scodellato un piatto colmo fino all'orlo di pasta, patate e provola filante. Con la coda dell'occhio si era assicurato che Sara mangiasse tutto fino all'ultima cucchiaiata, solo allora aveva intonato a bassa voce: *Vide 'o mare quant'è bello*[8]*...*

---

[8] Dal brano musicale *Torna a Surriento* di Ernesto e Giambattista De Curtis.

54

Messa alle strette

18 novembre 2004, ore 23.55

Era quasi mezzanotte quando Sara lo aveva visto entrare. Zoppicava vistosamente e lei aveva provato l'impulso irresistibile di corrergli incontro, ma si era trattenuta. Davide, nel frattempo, si era fermato a parlare con Filippo e lei ne aveva approfittato per andare in bagno a controllare il trucco, si era passata sulle labbra un filo di rossetto e quando era rientrata l'aveva trovato seduto davanti al banco, pallido.

«Ti sei fatto male al piede?» gli aveva chiesto preoccupata.

«Sì a rugby, ma ora va meglio.»

«Dovresti stare a riposo.»

«Sono giorni che sto a riposo, non ne posso più di stare chiuso in casa.»

Ecco perché era sparito! Sara si era sentita quasi in colpa per aver mal giudicato Davide, ma subito dopo si era ricreduta. Lui non si era minimamente preoccupato di avvisarla, quindi non meritava alcuna compassione, però a essere sinceri ne provava, eccome.

«Posso fare qualcosa per te?» gli aveva chiesto speranzosa.

«Sì, dammi il solito.»

Sara aveva appoggiato sul ripiano il bicchiere e lui le aveva sfiorato la mano. «Ti accompagno a casa ma non salgo, non me la sento di fare quattro piani a piedi.»

«Certo, lo capisco benissimo.»

Maledetta casa senza ascensore!

Lo avrebbe messo alle strette in macchina, anche se non era il posto più adatto per parlare, ma forse era meglio cosi, in casa sarebbe stato più difficile mantenere le distanze.

Erano rimasti in silenzio per tutto il tragitto mentre Sara pensava al discorso preparato da tempo, ma quando Davide aveva parcheggiato, se l'era dimenticato, l'unica frase che le era venuta in mente era stata: «Ecco io… non posso andare avanti così». Era rimasta immobile ad aspettare la sua reazione.

Lui aveva tentato di abbracciarla e lei l'aveva respinto facendo violenza su se stessa. Lo sforzo era stato tale da lasciarla esausta. Aveva respirato profondamente. «Non ci vediamo mai… che senso ha andare avanti?»

«Non è colpa mia se lavori di notte» aveva risposto Davide.

«Non dire cazzate, sai benissimo che non è questo il motivo. Non ti vedrei comunque, perché per te è più importante andare a zonzo per locali e chissà che altro. Vieni da me quando non hai niente di meglio da fare.»

«Non sarai mica gelosa?»

«E se anche lo fossi? Non mi piace essere una seconda scelta, è umiliante e io voglio rispetto, è così difficile da capire?»

«Guarda che io ti rispetto.»

«Secondo te piombare in casa alle cinque di mattina è rispetto? Io lo trovo offensivo, a queste condizioni, preferisco non vederti più, sta a te scegliere.»

Davide era rimasto senza parole, guardava Sara con aria sconcertata come se lei stesse parlando una lingua straniera a lui sconosciuta.

Sara aveva interpretato quel silenzio come l'ennesimo tentativo di Davide di scappare o comunque di non prendere una posizione, come aveva fatto con Marta e con chissà quante altre donne. «Allora? Rispondi!» aveva alzato la voce, esasperata.

«Tu sei esaurita» aveva detto Davide, infastidito.

Il tono della sua voce suonava offensivo alle orecchie di Sara. «Chiunque lo sarebbe al posto mio. Quindi?»

«Quindi cosa? Non capisco cosa vuoi» aveva alzato la voce.

Forse davvero non capiva o non voleva capire. «Sei un muro di gomma» gli aveva detto Sara prima di scendere dalla macchina.

Si era imposta di mantenere il controllo mentre saliva le scale; solo quando era entrata in casa si era tolta la maschera e si era abbandonata sul divano come un burattino a cui hanno tagliato i fili.

55

Finalmente uno spiraglio

19 novembre 2004, ore 09.00

Si sentiva quasi riposata dopo aver dormito sei ore ininterrottamente, un *record* negli ultimi due mesi.

Era una giornata grigia, in sintonia con il suo umore. Sapeva di aver fatto la cosa giusta con Davide, eppure tutto il suo essere si ribellava e la supplicava di tornare sulla decisione.

Il contatto col pelo morbido di Merlino le aveva ricordato i suoi doveri di madre. Era andata in cucina e con disappunto si era accorta che le era rimasta solo una scatoletta.

Le era capitato in passato di rimanere senza caffè o frutta, mai però senza cibo per il suo gatto. Era un segnale preoccupante che non doveva sottovalutare. Mentre rifletteva aveva preso la borsa per verificare se aveva soldi a sufficienza e aveva trovato la corrispondenza del giorno prima: la solita pubblicità, le spese condominiali e un avviso di giacenza di una raccomandata.

Il pensiero era subito corso a Luca quando aveva

minacciato di denunciare Davide. Doveva andare in posta al più presto, non poteva vivere con quella spada di Damocle sulla testa a costo di arrivare tardi al lavoro. Aveva dato da mangiare al gatto ed era uscita senza nemmeno bere il caffè.

L'impiegata delle poste, una ragazza poco esperta, aveva impiegato più tempo del dovuto per trovare la raccomandata e i commenti delle persone in fila non si erano fatti attendere; proprio quando Sara stava per disperare, la dipendente aveva recuperato una busta.

Era uscita dall'ufficio postale e lontano da occhi indiscreti l'aveva aperta. Una delle aziende a cui aveva inviato i curricula le chiedeva di mettersi in contatto per un colloquio. Aveva letto e riletto la comunicazione per essere certa di aver capito bene. Col cuore in gola aveva riposto la lettera ed era corsa verso la fermata della metropolitana. Ne avrebbe parlato con Antonio o forse avrebbe mantenuto il segreto per scaramanzia.

All'Alterego aveva acceso la macchina del caffè e subito dopo aveva chiamato la Dottoressa Bandelli dell'ufficio Risorse Umane. In sua vece aveva risposto una collaboratrice che le aveva fissato un appuntamento per il lunedì successivo.

Era rimasta a fissare il *display* stupefatta, poi a poco a poco si era ripresa dall'emozione. Aveva riempito di caffè un porta filtri doppio e mentre lo sorseggiava in una tazza grande aveva riflettuto sul da farsi: nel pomeriggio sarebbe andata al supermercato a comperare le scatolette per Merlino e il giorno dopo dal parrucchiere. Per sicurezza avrebbe staccato il citofono quel *week-end*. Aveva bisogno di riposo per arrivare al colloquio concentrata.

56

Programmazione

Dal 19 al 21 novembre 2004

Davide non si era fatto vivo quel fine settimana e Sara aveva comunicato a Filippo che il lunedì successivo sarebbe uscita mezz'ora prima invece di pranzare. In tal modo sarebbe arrivata in orario al colloquio e avrebbe avuto il tempo di cambiarsi d'abito: al posto della felpa avrebbe indossato una maglia in lana merino lilla con lo scollo a barchetta e un paio di pantaloni blu fresco lana con lo spacchetto, ai piedi un paio di scarpe basse stringate, nere. Aveva fatto le prove davanti allo specchio ed era rimasta soddisfatta del risultato: semplice, ma elegante.

Ora non le rimaneva che tentare la sorte. La prospettiva di lavorare nuovamente in ufficio non la entusiasmava, ma doveva, voleva voltare pagina.

57

Il colloquio

22 novembre 2004, ore 9.00

Si era svegliata con un leggero affanno senza motivo apparente, poi come in un flash si era ricordata: nel sogno il volto della sua esaminatrice aveva le sembianze di Filippo, le stesse occhiaie sotto gli occhi freddi e inespressivi.

Si era alzata scossa da un brivido, fortunatamente la visione era sparita mentre faceva la doccia.

Aveva preparato tutto nei minimi dettagli. Il giorno prima era andata in ricognizione alla sede dell'azienda a calcolare il tempo necessario per arrivare con la metropolitana, nella borsa porta abiti aveva riposto maglia, pantaloni e un *necessaire*.

Prima di uscire aveva salutato Merlino: «Se ottengo quel lavoro avremo presto una gatta in famiglia e non sarai più solo».

L'immagine di lei che tornava dal gattile con la sua nuova figlia nel trasportino le aveva riempito il cuore di tenerezza. Si sentiva quasi fiduciosa.

Era arrivata con venti minuti di anticipo all'appuntamento. Prima di entrare aveva dato un'occhiata al palazzo dove si trovavano gli uffici amministrativi dell'azienda, un edificio in stile Liberty.

Sara non sopportava lo stile Liberty, ricco di decorazioni, di cariatidi e di putti. Inoltre, nutriva un'antipatia feroce per i balconcini a baldacchino in ferro battuto.

La segretaria che l'aveva ricevuta era una donna di circa quarantacinque anni con un colorito bronzeo, probabilmente dovuto all'uso eccessivo delle lampade abbronzanti. L'aveva fatta accomodare in un salottino e si era dileguata. La stanza era ammobiliata in modo spartano: quattro sedie con lo schienale e il sedile in tessuto blu e un tavolino in cristallo completavano l'arredamento.

A un tratto si era ricordata del telefonino, l'aveva individuato al tatto nella borsa e l'aveva spento con un sospiro di sollievo. Si era appoggiata allo schienale ma alla vista della segretaria si era sollevata, impettita. «La dottoressa l'aspetta» aveva detto la donna con voce atona mentre le faceva strada. Ad ogni passo i suoi tacchi producevano un rumore fastidioso sul parquet fino a quando si era fermata davanti a una porta. «Si accomodi, prego» e si era allontanata facendo tintinnare i numerosi braccialetti che portava al polso destro.

L'ufficio, arredato con semplicità, era composto da

una scrivania angolare color legno chiaro, un armadio portadocumenti ad ante scorrevoli e un tavolo per le riunioni, mentre alle pareti pendevano alcune riproduzioni di quadri famosi.

Sara aveva riconosciuto subito quello che le stava di fronte: *L'adorazione dei magi* del Perugino, uno dei suoi preferiti. Una grande portafinestra illuminava a giorno la stanza.

«Buongiorno» aveva detto a bassa voce, titubante, e subito si era pentita. Non giocava a suo favore la timidezza, semmai la determinazione. Aveva commesso il primo errore. Cazzo.

La donna seduta davanti al computer l'aveva invitata a sedersi su una delle due poltrone in similpelle nere. Aveva capelli biondo cenere e occhi azzurri, sulla punta del naso portava un paio di occhiali che si ostinava a tormentare con la mano destra mentre esaminava il suo curriculum.

Si era mostrata più interessata alla sua vita privata che non a quella professionale, le aveva chiesto se aveva figli e se aveva intenzione di averne.

Sara aveva risposto che non aveva mai preso in considerazione l'idea. Non si sentiva abbastanza materna. Perfino da piccola non le piaceva trastullarsi con le bambole, preferiva di gran lunga giocare a calcetto con i maschi. Infine il suo ex marito le aveva fatto passare del tutto la voglia di diventare madre, se mai ne avesse avuta.

In genere la gente si scandalizzava di fronte alle affermazioni di Sara, invece la responsabile aveva riso di gusto, la conversazione poi era virata sul tempo libero, sui libri e sul teatro.

Per qualche motivo a lei sconosciuto quella persona la faceva sentire a suo agio, soprattutto quando sorrideva. A poco a poco Sara si era rilassata senza rendersi conto del tempo che passava fino a quando la donna con gli occhi azzurri l'aveva congedata: «Direi che abbiamo finito, a selezione ultimata le daremo una risposta». Le aveva stretto la mano con energia.

Era uscita ch'era quasi buio, si sentiva leggera mentre scendeva di corsa le scale della metropolitana.

58

Attesa

Dal 22 novembre al 12 dicembre 2004

Nei giorni successivi, Sara era rimasta in attesa di conoscere l'esito del colloquio e la decisione di Davide, se mai avesse avuto voglia di prenderne una.

Lavorare al pub le era diventato penoso, specialmente verso la fine della serata quando il lavoro calava e lei aveva tempo per pensare. Ogni volta che la porta del pub si apriva, sperava di vederlo entrare e avvicinarsi al banco dove lei, con un sorriso, gli avrebbe servito il solito.

Filippo, dopo la rottura con Antonella, era diventato intrattabile. I primi tempi Sara aveva provato una vaga compassione nei suoi confronti per una sorta di solidarietà, in fondo erano entrambi nella stessa barca, ma si era ricreduta quasi subito. Non potendo sfogarsi con i clienti il "non-morto" non perdeva occasione per punzecchiarla parlandole di Davide e delle sue ex. «Hai visto quella ragazza? Era una sua fidanzata» le diceva mentre, con un movimento del capo, indicava ora una donna sola, ora un'altra in compagnia di amici. Avevano tutte una caratteristica in comune. Erano magre e dall'aspetto sportivo. Alcune erano *habitué* e ogni volta Sara si era domandata se quelle donne fossero disperate, come Marta, come lei.

Però a tutto c'è un limite e una sera, all'ennesima provocazione di Filippo, Sara aveva reagito chiedendogli notizie di Antonella, tanto per metterlo a tacere. Lui per rappresaglia il giorno dopo e quello dopo ancora non le aveva pagato lo stipendio perché, a suo dire, quel mese aveva avuto molte spese e lei doveva pazientare.

Il terzo giorno Sara era stata costretta a chiedere a Franco un anticipo per pagare la rata della casa a Luca.

59

Di nuovo Massimo

12 dicembre 2004, ore 01.00

Faceva particolarmente freddo quella sera. Sara si era sollevata il cappuccio sulla testa e si era incamminata a piedi verso casa. Prima di uscire dal pub, un cliente abituale si era offerto di darle un passaggio, ma era ubriaco da far pietà e Sara aveva declinato l'invito con una scusa.

Camminava velocemente con tutti i sensi all'erta per la strada deserta.

Mentre attraversava l'incrocio i fari di una macchina l'avevano abbagliata. «Coglione!» aveva detto a denti stretti e aveva accelerato il passo per poi fermarsi di colpo, quando una voce l'aveva chiamata per nome. Dal finestrino dell'auto che l'aveva affiancata si era sporto Massimo. «Sali, ti accompagno» aveva detto sbrigativo e siccome lei esitava, le aveva aperto la portiera. «Spicciati che fa un freddo cane.»

Si era stropicciato le mani mentre lei si allacciava la cintura di sicurezza. «Siamo sotto zero, magari stanotte nevica» aveva detto emozionato e Sara non aveva potuto fare a meno di sorridere vedendo la sua eccitazione. Lei stessa provava un'allegria incontenibile quando vedeva cadere i primi fiocchi di neve.

«Come mai da sola?» le aveva chiesto Massimo mentre ingranava la prima.

«Filippo aveva da fare» aveva risposto evasiva.

«E il tuo *driver* ufficiale?»

Per un attimo le era sembrato di cogliere nella sua voce una sfumatura ironica ed era stata sul punto di zittirlo, ma si era ricordata delle cattiverie che gli aveva rivolto l'ultima domenica di settembre. «È da un po' che non lo vedo» aveva risposto con tono incolore.

«Ah… e tu come stai?» sembrava sorpreso e decisamente interessato.

Sara aveva alzato le spalle, come se la cosa non la riguardasse. «Senti ti devo delle scuse per come ti ho trattato l'ultima volta, avevi ragione. Sono stronza.»

Lui era rimasto in silenzio, lo sguardo fisso alla strada fino a quando aveva parcheggiato. «E io sono invidioso.»

«Non hai ragione di esserlo.»

«Invece sì; anche se non ho ancora capito in che rapporti sei con il tuo amico… insomma, se state insieme.»

Sara si era appoggiata al sedile e con tono triste aveva detto: «Se stiamo insieme? A essere sincera non so cosa risponderti».

Massimo aveva preso dal vano portaoggetti un

pacchetto di Marlboro «Fumi?» le aveva chiesto. Lei aveva annuito e dopo aver estratto dalla confezione una sigaretta si era protesa verso di lui per accenderla.

L'accendisigari era quasi scarico, tanto che ne usciva una piccola e tremolante fiammella; Sara si era chinata sulla mano di Massimo e vi aveva appoggiato la sua per proteggere l'esile fuoco che sembrava spegnersi da un momento all'altro. Finalmente al terzo tentativo era riuscita nell'intento.

Le era parso che durante questa operazione la mano di lui fosse scossa da un leggero tremito. Aveva sollevato la testa e i loro sguardi si erano incrociati. Il volto di Massimo esprimeva rimpianto e nostalgia. Per togliersi dall'imbarazzo Sara aveva aperto il finestrino dell'automobile.

Si era acceso anche lui una sigaretta e aveva ripreso il discorso. «Sono invidioso per due motivi: primo perché lui è sicuro di sé e ci sa fare... insomma è un seduttore nato» e dopo una pausa aveva precisato «infatti ha sedotto te.»

«E qual è il secondo motivo?»

«Te l'ho appena detto: ha sedotto te. A volte sembra che ti diverti a mettermi in difficoltà.»

«Questo non è vero. Non è mai stata mia intenzione metterti in difficoltà.»

Sara aveva aspirato una boccata di fumo e lentamente l'aveva soffiata fuori dal vetro. «Voglio essere altrettanto sincera, tu mi piaci e parecchio, ma Davide mi è penetrato nel cervello come un alieno, è diventato un'idea fissa, come l'eroina per i tossici. Tu meriti molto di più.»

«Se tu non conoscessi Davide, staresti con me?» le aveva chiesto Massimo a bruciapelo.

«Che razza di domanda è questa?»

«Rispondimi per favore, è importante.»

Sara si era passata una mano sulla fronte. «Sì, credo di sì» aveva risposto in un soffio.

Massimo fissava il parabrezza appannato, poi come se stesse parlando a se stesso, a bassa voce: «In questi mesi ti ho pensata spesso, ma credevo di esserti indifferente, però se non è così, perché rinunciare?».

«Rinunciare a cosa?»

«A vederci, a frequentarci. Perché no?»

«Forse non mi sono spiegata bene. Se domani Davide mi fa un fischio, io corro da lui come un cagnolino, capisci?»

«Sono disposto a correre il rischio.»

«Io non potrò mai provare per te quello che provo per Davide» aveva insistito Sara. Voleva essere chiara fino in fondo anche a costo di sembrare crudele.

«Lo so, non pretendo l'esclusiva e non ti sto chiedendo di scegliere.»

Sara si era ricordata della sera in cui le era balenata per la mente la possibilità di avere una relazione con due uomini contemporaneamente. Quel pensiero balzano era durato poche ore. Solo ora si rendeva conto di quanto potesse essere difficile gestire una situazione del genere. Eppure, a distanza di quattro mesi, Massimo sembrava disposto a viverla.

Non sa quello che dice, forse è il caso che glielo spieghi meglio.

«Per quel che ne so, la coppia aperta non ha funzionato per via degli...»

«Spifferi» aveva concluso Massimo.

Avevano riso entrambi della battuta di Paolo Rossi, poi Sara si era fatta seria. «Non sono nella predisposizione d'animo adatta. Questo per me è un momento difficile...»

«Ti piace soffrire, vero?»

«Per favore non cominciare con questi discorsi da pseudo psicologo, non li sopporto.»

«Ti ricordi quella sera al baracchino? Io mi sono divertito e tu?»

Aveva cambiato tattica. Certo che se la ricordava ma non voleva cadere in quella trappola. «Sono passati almeno tre mesi» aveva risposto Sara col tono di chi non ha voglia di rievocare un passato morto e sepolto.

«Quindi te lo ricordi. Dunque, ti sei divertita?»

«Sì, mi sono divertita. E allora?»

«Perché non divertirci ancora?»

«Scusa, a quale parte della serata ti riferisci?»

«Di sicuro non alla seconda, visto che sei fuggita all'alba... lo sai che hai distrutto la mia autostima, vero?»

«Quanto sei scemo!» Sara non era riuscita a trattenere una risata.

Il ragazzo aveva il senso dell'umorismo, decisamente.

«Ti va di andare a teatro? Ho due biglietti omaggio per *Sogno di una notte di mezza estate*[9].»

Le mancava il teatro e le sarebbe piaciuto accettare l'invito, ma aveva paura di commettere l'ennesimo errore. «Non lo so» aveva risposto. La proposta di Massimo l'aveva colta alla sprovvista.

«Non devi rispondermi ora, è in scena fino alla fine del mese. Piuttosto, ce l'hai ancora il mio numero di telefono?»

«Immagino di sì, devo cercare il tuo biglietto da visita.»

«Chissà dove l'hai messo... dammi il tuo.»

A Sara non era rimasta alternativa, aveva scandito il numero come una scolaretta mentre Massimo lo registrava. E dopo pochi secondi aveva visto sul *display* un numero sconosciuto.

«Ora non hai più scuse, buonanotte.»

«Buonanotte» aveva risposto Sara mentre usciva dalla macchina. Mentre saliva le scale si era resa conto di essere contenta di aver rivisto Massimo. Le era mancato.

---

[9] Opera di William Shakespeare.

60

Assunzione a tempo indeterminato

14 dicembre 2004, ore 11.00

Stava lavando il pavimento del pub quando era squillato il cellulare, Sara aveva estratto dalla tasca del grembiule il telefonino e aveva riconosciuto il numero della segretaria dell'ufficio Risorse Umane. «Pronto» aveva detto cercando di dominare l'emozione. Dall'altra parte del filo l'impiegata le aveva comunicato l'esito positivo della selezione. Sara avrebbe dovuto presentarsi il prima possibile per iniziare un programma di formazione aziendale, nel contempo sarebbe stata affiancata fino al 30 dicembre dalla persona che lei avrebbe sostituito.

«Ha impegni nei prossimi giorni?» aveva chiesto l'impiegata.

«Assolutamente no.»

«Perfetto. Si presenti lunedì prossimo alle nove.»

Sara aveva premuto il tasto di spegnimento ed era rimasta a fissare il *display*. Cinque giorni di preavviso erano davvero pochi, d'altra parte non poteva rinunciare al nuovo lavoro. Filippo se ne sarebbe fatto una ragione.

Era sopraggiunto Antonio con le borse della spesa. «Ciao Sara, hai già bevuto il caffè?»

«Non ancora. Devo dirti una cosa» aveva bisbigliato con aria da cospiratrice.

Lui l'aveva squadrata con attenzione. «Positiva, spero.»

«Credo di sì, hai tempo?» aveva risposto con un sorriso enigmatico. Era divertente tenere il cuoco sulle spine, lui che era notoriamente curioso.

«Sistemo la spesa e arrivo subito» aveva risposto Antonio prontamente.

Mentre sorseggiavano il caffè Sara l'aveva messo al corrente della telefonata. «Cosa ne pensi?» aveva chiesto speranzosa.

«Finalmente! Era ora che ti trovassi un lavoro decente, e poi ti fa bene cambiare aria.»

«Mi mancheranno le tue prelibatezze.»

«Vorrà dire che verrai a trovarci la domenica a pranzo e Rosaria ti farà la pastiera, va bene così?»

Sara aveva fatto cenno di sì, mentre rifletteva sulla nuova vita che l'aspettava. Un lavoro d'ufficio non proprio esaltante, ma in compenso avrebbe avuto le sere libere, e le feste e il fine settimana sarebbe andata al cinema con Franco e magari a vedere lo spettacolo al Teatro dell'Elfo con Massimo. Già.

Non le rimaneva che affrontare Filippo; senza rendersene conto aveva fatto una smorfia di disagio che

Antonio aveva prontamente interpretato. «Non farti scrupoli, non se lo merita.»

«Lo so, però gli do un preavviso brevissimo» aveva risposto Sara con imbarazzo.

«Ma quale preavviso, lavori in nero da quasi sei mesi e non ti ha ancora messo in regola.»

Si era alzato, imitato da Sara, ed era andato in cucina.

61

Preavviso

14 dicembre 2004, ore 15.00

Erano le tre del pomeriggio e il locale si era svuotato. Sara aveva seguito con lo sguardo Antonio che si avviava verso casa fino a quando la sua figura era sparita alla vista, avvolta dalla nebbia che stava calando. Solo allora era rientrata nel locale e aveva comunicato a Filippo che il sabato successivo sarebbe stato il suo ultimo giorno di lavoro.

Contrariamente alle previsioni lui era rimasto in silenzio e Sara, che aveva temuto in uno scatto di rabbia, si era sentita sollevata e perfino in colpa nei suoi confronti tanto che aveva accettato di buon grado la proposta di Filippo di pagarle lo stipendio a fine mese.

A casa aveva guardato il calendario. Il trentuno dicembre era un venerdì. Avrebbe lavorato mezza giornata, poi sarebbe andata al pub e infine al gattile. Avrebbe avuto tutto il fine settimana per prendersi cura della sua nuova gatta. Aveva preso in braccio Merlino e lo aveva strapazzato dalla contentezza.

62

Giorni frenetici

Dal 14 al 17 dicembre 2004

Gli ultimi giorni di lavoro al pub erano volati. La gente organizzava cene e aperitivi in vista del Natale e il locale era sempre affollato. Sara ne aveva approfittato per salutare i clienti con cui era in confidenza e tutti avevano mostrato un sincero rammarico.

"Mi spiace che te ne vai." "Questo locale non sarà più lo stesso." "Fatti vedere ogni tanto." Erano le frasi ricorrenti che i più affezionati le rivolgevano.

Sara si era commossa davanti alle manifestazioni di affetto e di stima per il lavoro che aveva svolto. Col pub se ne sarebbe andato un pezzo del suo cuore, ne era consapevole ma sapeva anche che con l'andare del tempo avrebbe finito per odiare quel locale per un'infinità di motivi che le erano già noti. E poi... era arcistufa di tornare a casa a piedi di notte.

63

Ultima sera al pub

18 dicembre 2004, ore 19.40

Per la sua ultima sera di lavoro al pub, Sara aveva deciso di indossare la blusa turchese scollata e un paio di jeans in velluto elasticizzato blu, ai piedi le sue vecchie e comode Superga blu, che avrebbe sostituito con le Timberland prima di tornare a casa. Dal giorno dell'aggressione le aveva sempre calzate, erano una sicurezza, un'arma impropria.

Era arrivata in anticipo e il locale era già semipieno. Si respirava l'euforia che precede il Natale.

«Finalmente sei arrivata, c'è un sacco di lavoro da fare» le aveva detto Filippo con tono acido.

Sara aveva guardato l'orologio basita: «Veramente sono in anticipo, sono le otto meno venti». Lui si era allontanato con una smorfia e Sara era andata nello spogliatoio. Non voleva rovinare l'atmosfera di quella sera litigando con Filippo. Non glielo avrebbe permesso.

Erano le nove passate quando finalmente era riuscita a mangiare un boccone. Il cuoco era insolitamente taciturno. A un tratto le aveva chiesto con tono preoccupato: «Cosa mangi domani, hai fatto la spesa?».

Sara era scoppiata a ridere. «Certo che l'ho fatta, non preoccuparti, me la caverò. Di sicuro non mangerò più queste delizie» aveva indicato i piatti che il cuoco stava preparando.

«Non ti credo, scommetto che hai il frigorifero vuoto. Ti ho preparato questo, così domani non devi cucinare» le aveva mostrato un sacchetto.

«Scommetto che lì dentro c'è da mangiare per una settimana.»

Aveva guardato il cuoco con affetto e riconoscenza. «Sono felice di averti conosciuto, mi mancherai» gli aveva detto a bassa voce.

«Finisci di mangiare» aveva risposto Antonio e Sara aveva notato che il suo papà adottivo aveva gli occhi lucidi.

Per il resto della serata Filippo non aveva mosso un dito. Più di una volta Sara aveva sorpreso il suo sguardo infastidito mentre lei salutava o in alcuni casi abbracciava per l'ultima volta i clienti con cui era in familiarità.

Le due del mattino e la gente non aveva voglia di andare a casa. Sara non era dispiaciuta, le piaceva quell'allegria e, se non fosse stato per il ritorno a casa a piedi, avrebbe voluto che quella sera non finisse mai. Aveva terminato l'ultima comanda e aveva approfittato di quella calma per versarsi un whiskey. Lo aveva bevuto fingendo di non accorgersi dello sguardo contrariato di Filippo.

Nelle ultime due ore aveva dato spesso un'occhiata veloce all'entrata sperando di vedere entrare Davide fino a quando si era messa il cuore in pace, o almeno così voleva credere, in realtà non poteva fare a meno di sorvegliare la porta. Era un'abitudine consolidata, un riflesso condizionato.

Una ragione di più per andarsene senza rimpianti.

«Sara.»

La voce di Giò l'aveva distratta dai suoi pensieri, aveva guardato con affetto il volto paffutello della cameriera. Era uscita dal banco e l'aveva abbracciata a lungo.

«Fatti vedere, mi raccomando» le aveva detto la ragazza con voce rattristata.

«Magari non qui, comunque ci sentiamo per telefono, così mi racconti le novità» le aveva accarezzato la guancia liscia e tesa come quella di una bambina e Giò aveva annuito con decisione. «A presto, allora» ed era uscita proprio mentre entrava Massimo.

Oh cazzo! l'ennesima figura di merda, meglio giocare d'anticipo.

«Ciao, scusa se non ti ho chiamato, ma è successa una cosa inaspettata, non ci crederai.»

«Hai scoperto che sei pazza di me?»

«Quanto sei scemo!» Sara aveva scosso la testa ridendo ed era tornata dietro al banco seguita da Massimo.

«Però ti faccio ridere, di' la verità.»

Sara gli aveva regalato un sorriso a trentadue denti, poi con fare misterioso gli aveva detto: «Questa è la mia ultima sera all'Alterego, ho trovato un altro lavoro».

«Davvero? Dove?»

«Torno a fare l'impiegata.»

«Ah... sei contenta?»

«Diciamo che sono contenta perché finalmente avrò uno stipendio decente e dei ritmi di vita normali.»

«Allora domani pomeriggio andiamo a teatro e poi a cena per festeggiare.»

«Va bene il teatro, la cena un'altra volta» aveva risposto Sara accigliata.

Mancavano dodici giorni alla fine del mese e c'erano nuove spese da sostenere per gatta Viviana, non voleva chiedere un altro prestito a Franco.

«Perché, hai un altro impegno?»

«No, ma ho molte spese questo mese...»

Massimo l'aveva guardato basito. «Offro io naturalmente.»

«Non funziona così, sono io la festeggiata» aveva detto Sara con tono brusco.

Subito si era resa conto della sua scortesia e aveva

cercato di rimediare. «Scusa, non volevo essere sgarbata...»

«Vorrà dire che la prossima volta offri tu, se ti fa stare meglio» aveva detto lui contrariato.

«Non devi offenderti, è solo che io... insomma non trovo giusto che gli uomini debbano pagare sempre.»

«Mi piace il tuo modo di pensare, ma se fossi io a corto di soldi, mi offriresti una cena?»

«Certo, naturale.»

«Dunque... qual è la differenza?»

Suo malgrado aveva ragione, doveva dargliene atto. «E va bene mi hai convinta, però il mese prossimo offro io, ok?»

L'aveva detto come se stesse facendo un giuramento.

«Va bene, purché non ti arrabbi» aveva risposto lui prontamente.

Sara aveva avvertito una leggera preoccupazione nella voce di Massimo e dentro di sé aveva sorriso compiaciuta del suo piccolo potere, poi era rientrata nel ruolo. «Cosa vuoi bere?» gli aveva domandato con gentilezza.

«Qualcosa di leggero. È troppo chiederti un Mimosa?»

«Stasera puoi chiedere quello che vuoi.»

Si era accorta di aver fatto una *gaffe*. «Volevo dire...» aveva riso per l'imbarazzo.

In quel momento era squillato il cellulare di Massimo. «Torno subito» le aveva detto ed era uscito dal locale.

Sospettosa per natura, Sara si era chiesta chi fosse la persona che chiamava a quell'ora del mattino... un parente o forse una fidanzata. In fondo non la riguardava, si era detta, mentre spremeva un'arancia.

Massimo, nel frattempo, era rientrato con un sorriso soddisfatto stampato sul viso.

«Tutto ok?» aveva chiesto Sara, anche se la questione ... in fondo, molto in fondo, non la riguardava.

«Tutto ok» aveva risposto lui senza dare spiegazioni.

«Ecco il tuo *drink*» Sara aveva appoggiato la *flûte* sul ripiano e aveva iniziato a pulire la macchina del caffè mentre il locale si svuotava.

«Se non hai altri impegni ti accompagno a casa.»

Stavolta non si era fatta pregare. «Grazie, volentieri» gli aveva regalato un sorriso di riconoscenza.

Prima di salire in macchina aveva guardato l'insegna del pub, non sapeva se con più sollievo o rammarico. In quel locale non c'era più niente di suo, prima di uscire aveva svuotato l'armadietto dove teneva il grembiule per le pulizie e i suoi effetti personali. Aveva riposto tutto in una borsa a tracolla che Massimo si era offerto di portarle. Forse sarebbe tornata all'Alterego da cliente o forse era meglio tagliare i ponti. Un fiotto di malinconia l'aveva assalita, ripensando ai giorni felici trascorsi in quel locale prima di innamorarsi di Davide. Contemplava le luci dell'insegna incurante della pioggia.

«Sara, stai piangendo» Massimo le si era avvicinato.

«No, solo due gocce d'acqua» si era asciugata le palpebre ed era salita in macchina.

«Puoi sempre tornarci.»

«Di sicuro il 31 a ritirare lo stipendio.»

«Ah… come mai così tardi?»

«Filippo dice che non ha soldi, tanto per cambiare.»

«Che pezzente!» aveva esclamato Massimo mentre avviava il motore.

In pochi minuti erano arrivati davanti alla casa di Sara.

«Domani ti chiamo e ci mettiamo d'accordo per l'orario, e mi raccomando, tieniti libera per la cena.»

64

Una domenica di relax

19 dicembre 2004, ore 11.00

Avrebbe voluto dormire ancora un po', ma una fitta alla bocca dello stomaco gliel'aveva impedito, era ripiombata con la testa sul cuscino, mentre Merlino si accoccolava sulla sua pancia, il contatto con il micio e il suono ritmico del suo *ron ron* le aveva sciolto lo spasmo. Non era la prima volta che il gatto si prendeva cura di lei. L'aveva guardato con riconoscenza. «È ora di alzarsi pigrone.»

La prospettiva di andare a teatro con Massimo le aveva risollevato l'umore. Finalmente dopo due mesi avrebbe passato una domenica diversa e in compagnia.

65

Dopo lo spettacolo

19 dicembre 2004 ore 19.00

Fuori dal teatro Massimo le aveva proposto un aperitivo e Sara aveva rifiutato: «Non posso, devo dare la pappa a Merlino e fargli due coccole prima di andare a cena».

«Allora non facciamolo aspettare» l'aveva presa per mano e si erano incamminati in una strada laterale dove era parcheggiata l'automobile.

«Ti è piaciuto lo spettacolo?» le aveva chiesto mentre inseriva le chiavi nel quadro.

Sara aveva fatto segno di sì. «Grazie di avermi invitata.»

«Figurati, mi capita spesso di avere dei biglietti omaggio. A proposito come ci si sente ad avere la domenica libera?»

«A meraviglia! Quasi non mi sembra vero» aveva esclamato Sara mentre sprofondava nel sedile.

Massimo l'aveva osservata con la coda dell'occhio. «So che ti piaceva lavorare all'Alterego, ma fare l'impiegata ha dei vantaggi, avrai più tempo per te e per

Merlino.»

«Non solo per Merlino, ma anche per Viviana» aveva sorriso con aria maliziosa.

«Hai una gatta nuova e quando pensavi di dirmelo?» aveva chiesto lui, con aria di rimprovero.

«Vado a prenderla il 31 dicembre al gattile di Via Teodosio.»

«Via Teodosio, dove?»

«Al 67, si chiama Arca. Un anno fa ho accompagnato una collega che voleva adottare un gatto e sono rimasta incantata. Non volevo più andare via; mai visto tanti mici insieme, uno più bello dell'altro, a occhio e croce ne avrò contati trentacinque e non c'erano cattivi odori. Si vede che sono trattati bene.»

«È un gattile del Comune?»

«No, è un'associazione privata gestita da volontari, tutti amanti degli animali. Sono bravissimi.»

«Come pensi di andarci?»

«Con i mezzi e il trasportino.»

«Ma prenderà freddo.»

Sara si era stretta nelle spalle: «La avvolgerò in una coperta».

«Ti accompagno io» aveva detto lui categorico.

«Davvero?»

«Certo, non vedo l'ora di vedere il gattile. Mi piacerebbe avere un animale, ma col mio lavoro non è possibile, a volte mi assento per giorni.»

Erano arrivati davanti al portone. «Mi fai conoscere

Merlino? Mi piacerebbe davvero tanto» le aveva chiesto Massimo.

Era sincero e Sara glielo aveva letto negli occhi. «Andiamo» gli aveva risposto.

Merlino, dopo una timidezza iniziale aveva solidarizzato con Massimo. Erano entrambi eccitati nel gioco come due cuccioli, si tendevano agguati fra miagolii ed esclamazioni.

Sara era rimasta sorpresa dall'intesa che si era creata tra i due, non senza provare una impercettibile fitta di gelosia. «Ecco la pappa!» aveva appoggiato la ciotola e aveva osservato con soddisfazione Merlino abbandonare il suo nuovo amico per gettarsi sul cibo.

Bravo piccolo, mangia.

«Ho solo del vino da offrirti» aveva appoggiato sul tavolo due calici e una bottiglia di Vermentino.

«Il tuo gatto è speciale» aveva detto Massimo con entusiasmo e Sara aveva sorriso orgogliosa, come una madre lo è del proprio figlio.

Un po' troppo permissivo, però... sarebbe un ottimo padre.

Si fidava ciecamente dell'istinto di Merlino che da subito aveva accordato a Massimo la sua fiducia e amicizia, mentre per Davide mostrava una totale indifferenza.

«Al tuo nuovo lavoro» Massimo aveva sollevato la *flûte* avvicinandola a quella di Sara. Il felino, che nel frattempo aveva divorato il pasto, si strusciava sulle loro gambe indeciso, poi con un balzo era piombato sul tavolo desideroso di coccole.

«Giù» gli aveva detto Sara con finta severità, poi rivolta a Massimo: «Scusa».

«A me non dà fastidio, anzi» lo aveva accarezzato fino a quando il micio si era sdraiato sul tavolo con gli occhi socchiusi.

Sara aveva guardato l'orologio. «Forse dovremmo andare, è tardi.»

A malincuore Massimo l'aveva preso in braccio e adagiato con delicatezza nella sua cuccia.

66

Un colpo al cuore

19 dicembre 2004 ore 20.40

Massimo doveva essere di casa in quella trattoria toscana perché il proprietario e i camerieri l'avevano accolto con affabilità.

«Cosa mi consigli?» aveva chiesto Sara.

«La ribollita con del Chianti classico» aveva risposto lui senza esitazione.

«Va bene la ribollita, vado alla *toilette*, dopo guardo la carta dei vini.»

In bagno si era guardata allo specchio. Era ancora pallida, ma non aveva più il colorito malsano e lo sguardo spento del mese prima. In qualche modo cominciava a rientrare nella vita e ogni tanto riusciva perfino a non pensare a Davide.

Era uscita, non senza lavarsi le mani e passarsi un filo di rossetto sulle labbra, ed era tornata al tavolo. Massimo aveva un'espressione sgomenta e lei si era chiesta perché. «Hai visto il diavolo?» gli aveva domandato mentre si sedeva.

«Guarda chi c'è dietro» aveva risposto lui con un

impercettibile movimento degli occhi.

Sara aveva guardato il tavolo alle spalle di Massimo, occupato da una decina di giovani alti e robusti.

«Una comitiva di ragazzi, e allora?»

Prima che lui rispondesse, uno di loro si era chinato a raccogliere qualcosa e Sara aveva scorto Davide in compagnia di una donna molto magra, con lunghi e lisci capelli biondi, che gli stava dicendo qualcosa all'orecchio, poteva solo scorgerne il profilo regolare.

Si era sentita ferita e umiliata. Istintivamente aveva portato la mano al petto per timore che Massimo udisse i battiti accelerati del suo cuore. Aveva indirizzato tutti i suoi sforzi per rallentare la velocità della respirazione mentre fingeva di guardare la carta dei vini.

«Vuoi andare via?» le aveva chiesto Massimo.

«Va bene il Chianti» aveva risposto, di nuovo padrona di se stessa.

«Sara, sono desolato, non l'ho mai visto qua e dire che ci vengo spesso.»

«Succede… ti spiace se ci scambiamo di posto?»

Massimo aveva acconsentito subito e per tutta la durata del pasto Sara si era sforzata di non far trasparire l'agitazione che provava.

Ecco come rovinare una serata. Speriamo non mi abbia visto.

Prima di uscire dal locale Massimo si era intrattenuto con il proprietario, mentre lei attendeva in disparte.

«Sara, che ci fai qui?» Davide le stava di fronte, spavaldo.

Aveva sostenuto il suo sguardo e con voce ferma aveva risposto: «Sono con lui». Con un cenno del capo aveva indicato Massimo che proprio in quel momento si era voltato incrociando lo sguardo di Davide.

Si erano guardati per un attimo di troppo fino a quando era intervenuta Sara. Aveva preso per il braccio Massimo: «Andiamo? Si è fatto tardi». Lui aveva assentito con il capo ed erano usciti dal ristorante.

Erano le undici di sera quando si erano salutati davanti al portone di casa. «In bocca al lupo per domani e fammi sapere come è andata» aveva detto Massimo.

«Viva il lupo» aveva risposto Sara. Un attimo prima di entrare si era voltata: «Ti chiamo domani sera».

In casa si era infilata nel bagno. Era rimasta a lungo sotto la doccia quasi a voler cancellare l'immagine di Davide in compagnia dell'altra donna. La loro storia d'amore era ormai un ricordo sbiadito. Doveva farsene una ragione. Basta illusioni.

Aveva preso venticinque gocce di En e si era addormentata quasi subito di un sonno senza sogni.

67

Regali di Natale

20 dicembre 2004, ore 18.00

Aveva voglia di sgranchirsi le gambe dopo una giornata trascorsa davanti al computer. Si era incamminata lungo Corso Buenos Aires, a quell'ora brulicante di persone che facevano gli ultimi acquisti. Si respirava l'atmosfera frenetica del Natale.

A Sara piaceva vivere da sola e non soffriva di solitudine, però, da quando i genitori erano morti, viveva le feste con disagio, soprattutto il Natale. Veniva sopraffatta da un senso di angoscia e tristezza.

Eppure quella sera si sentiva fiduciosa e quasi serena. Si era fermata davanti a una vetrina elegante dove facevano bella mostra cravatte di tutti i tipi, classiche e sportive. Tutte decisamente costose. A un esame più attento ne aveva scorto un paio lavorate a maglia a un prezzo abbordabile. Quella blu *navy* era perfetta per Franco e quella amaranto sarebbe piaciuta a Massimo, ne era sicura.

Era entrata intimidita. Le pareti del negozio erano interamente ricoperte da camicie suddivise per colori perfettamente piegate e riposte all'interno di scaffali a cassetti. Ve n'erano a centinaia, ma non vedeva le cravatte. Era stata sul punto di uscire, ma la voce della commessa aveva bloccato sul nascere il suo tentativo di fuga.

«Posso esserle utile?»

«Vorrei vedere le cravatte in maglia di lana esposte in vetrina» aveva chiesto imbarazzata.

La venditrice aveva appoggiato sul ripiano del banco in cristallo una quantità di cravatte in maglia di diverse tonalità di colore. Sara non aveva avuto esitazione sul colore amaranto, mentre era rimasta a lungo indecisa se scegliere per Franco il colore grigio o quello blu. Alla fine aveva optato per il secondo. La commessa aveva avvolto le due cravatte nelle confezioni regalo e le aveva fatto omaggio di ben due fermacravatte.

Era uscita dal negozio soddisfatta del suo acquisto: aveva dato un'occhiata compiaciuta al contenuto della borsa che portava all'avambraccio prima di scendere nella stazione della metropolitana di Loreto.

68

Divano e tv

20 dicembre 2004, ore 19.45

Merlino l'aveva accolta con un miagolio di felicità e Sara, prima ancora di accarezzarlo, gli aveva versato il contenuto di una scatoletta al pollo nella ciotola. Mentre il gatto mangiava si era infilata sotto la doccia e quando era tornata in cucina aveva aperto il frigorifero e frugato nella borsa che Antonio le aveva dato due giorni prima. Grazie a Dio c'erano viveri per altri tre giorni, poi… avrebbe dovuto, ohimè, cucinare. Aveva ragione Davide, era un cane in cucina.

Le sembrava strano essere a casa a quell'ora anche se non le dispiaceva affatto, anzi, già pregustava la serata seduta sul divano in compagnia di Merlino davanti alla tv, l'unica nostalgia che provava era per la cucina dello *chef*.

69

Aspettando il Natale

Dal 21 al 24 dicembre 2004

Il corso di formazione per l'utilizzo del *software* per l'ufficio acquisti si era rivelato impegnativo e aveva assorbito completamente le energie e l'attenzione di Sara, impedendogli di pensare a Davide, per lo meno durante il giorno. La sua priorità in quel momento era superare il periodo di prova, evitando il più possibile le emozioni negative. Niente e nessuno l'avrebbe distolta dal suo obiettivo.

Franco le aveva proposto di passare il Natale insieme al ristorante e lei aveva accettato con gioia, a patto, però, di pranzare a casa. Si erano divisi i compiti, lui avrebbe portato gli antipasti e lei avrebbe preparato le lasagne di magro, il piatto preferito dell'amico. Sarebbe stato il suo primo Natale da padrona di casa. La vigilia avrebbe lavorato solo mezza giornata così avrebbe avuto tempo per mettere in ordine la casa, fare la spesa, e infine, avrebbe incontrato Massimo per l'aperitivo.

70

La vigilia

24 dicembre 2004, ore 18.00

Era appena uscita dalla doccia quando era squillato il telefonino. Sul *display* era apparso il nome di Massimo.

«Ciao, sono in autostrada con Elena e c'è un casino di traffico, non riusciamo a essere lì prima delle sette, ti chiamo appena usciamo dal casello.»

«Va bene, non preoccuparti e... saluta Elena.»

Aveva approfittato del contrattempo per chiamare Antonio. «Pronto» aveva risposto Rosaria. La sua cadenza napoletana aveva il potere di riportarla indietro nel tempo, a quando, da bambina, insieme ai genitori, veniva ospitata da zia Lidia, una sorellastra del padre che abitava a Napoli.

Al mattino una Sara di dieci anni si alzava presto, mentre i genitori dormivano ancora, e correva in cucina per fare colazione. Nella stanza aleggiava l'aroma del caffè e la zia – sebbene la madre fosse contraria – gliene versava una tazzina che lei annusava rapita e poi beveva di soppiatto. Poi mangiava i fichi col pane croccante comprato dal fornaio, lo cuoceva ancora nel forno a legna.

Un mondo intero ritornava alla luce, con commozione e rimpianto, l'età del candore, dei piccoli piaceri, dei sotterfugi allettanti: la zia che preparava il caffè nella *cuccumella*; il vapore che usciva dal beccuccio; la zia che spegneva il fuoco e, senza fretta, capovolgeva la caffettiera, per poi preparare le tazzine e la zuccheriera in tavola e finalmente versare il caffè, anche per lei: il loro piccolo segreto...

Era un ricordo, quello, che ancora le faceva venire l'acquolina in bocca, tanto che aveva deglutito: «Ciao Rosaria, sono Sara».

«Sara bella, come stai?»

«Bene e voi?»

«Tutto a posto. Quando vieni a trovarci?»

«L'ultimo dell'anno vado all'Alterego nel pomeriggio. Se siete in casa e non disturbo passo a salutarvi.»

«Nessun disturbo, ti fermi a pranzo, vero?»

«Non posso, lavoro alla mattina e poi ho parecchie commissioni da fare, ma ti prometto che quando finirà il periodo di prova, se mi assumono, faremo una grande festa.»

«Vedrai che andrà tutto bene perché sei brava.»

«Allora ci vediamo il 31 verso le due. Antonio?»

«Sta facendo un pisolino, mo lo sveglio.»

«No, no, lascialo dormire. A presto Rosaria.»

Aveva premuto il tasto di spegnimento del *cordless*

ed era andata nella camera da letto. Aveva recuperato dal fondo dell'armadio un vecchio kilt a quadri rosso e verde che indossava da adolescente. Aveva insistito tanto per averlo fino a quando i genitori, sfiniti, gliel'avevano regalato.

Se l'era provato davanti allo specchio e con sorpresa si era accorta che le calzava a pennello, un golfino e le scarpe stringate avrebbero completato l'abbinamento.

Non voleva ammetterlo per scaramanzia, ma qualcosa le diceva che il Natale del 2004 sarebbe stato un buon Natale.

Aveva appena finito di lavare la ciotola di Merlino quando Massimo aveva chiamato. «Siamo lì tra dieci minuti.»

71

L'aperitivo della vigilia

24 dicembre 2004, ore 19.15

«Vino o *cocktail*?» aveva chiesto Massimo

«Bollicine» avevano risposto Elena e Sara all'unisono.

Erano le nove di sera quando erano usciti dal locale. Massimo teneva sottobraccio Elena e Sara, entrambe brille.

Davanti al portone di casa si erano salutati con la promessa di rivedersi il giorno dopo. Sara aveva insistito per invitarli quando aveva appreso che avrebbero pranzato in un ristorante.

«A casa mia mangerete sicuramente peggio, ma sarà più simpatico. Viene anche un mio amico d'infanzia. Ci divertiremo» aveva insistito con calore.

Massimo era rimasto in silenzio, mentre Elena non si era fatta pregare: «Volentieri. Odio passare il Natale in trattoria, è triste».

72

Un rumore nella notte

25 dicembre 2004, ore 04.00

Stava dormendo profondamente quando aveva udito un suono sgradevole. Nel sogno si tappava le orecchie con il palmo delle mani, ma il baccano diventava sempre più assordante fino a quando si era svegliata e aveva preso coscienza che quel rumore fastidioso proveniva dal citofono. Era rimasta immobile e ansimante, si era passata una mano sulla fronte sudata incapace di prendere qualsiasi decisione. Non poteva essere altri che Davide, o forse lo scherzo di qualche ubriaco. Chiunque fosse, si sarebbe stancato e se ne sarebbe andato.

Nel buio erano spuntati gli occhi gialli di Merlino; l'aveva accarezzato per tranquillizzarlo e per tranquillizzarsi. Aveva la bocca secca per i postumi dell'aperitivo e aveva bevuto un lungo sorso d'acqua dalla bottiglietta che teneva sul comodino. Di nuovo il suono del citofono aveva echeggiato potente nella notte. Si era alzata ed era andata in corridoio, aveva sollevato la cornetta. «Chi è?» aveva chiesto con voce irata.

«Sono io, apri.»

Era Davide dunque. Sara era rimasta immobile per alcuni istanti incapace di reagire, solo quando aveva sentito una specie di gemito gli aveva chiesto: «Che cosa vuoi?».

«Apri, non mi sento bene.»

Sara non aveva avuto esitazioni. Aveva aperto il portone e senza pensarci due volte si era tolta il pigiama di flanella e aveva indossato una camicia da notte di seta grigio perla. Si era guardata allo specchio e si era aggiustata i riccioli con le mani, infine aveva socchiuso la porta di casa mentre ascoltava il suo passo pesante sulle scale. Davide si era appoggiato allo stipite barcollando.

«Entra, prima che ti vedano i vicini» gli aveva intimato e subito dopo aveva richiuso la porta. Lo aveva seguito nel salotto. «Sei venuto per farmi gli auguri di Natale?» gli aveva chiesto con ironia.

Lui si era seduto di peso sul divano, aveva la fronte imperlata di sudore e delle vistose occhiaie. «Vieni qui» le aveva detto con voce stanca.

Era ubriaco, tanto per cambiare.

Sara era rimasta in piedi appoggiata allo stipite, in cuor suo sperava che Davide le desse un motivo valido per avvicinarsi, senza perderci la faccia, e lui, come se le avesse letto nel pensiero, le aveva chiesto dell'acqua.

Acqua? Allora sta davvero male.

Si era precipitata in cucina ed era tornata nel salotto. Gli aveva dato il bicchiere e lui, come era solito fare al pub, le aveva preso la mano che stringeva il calice.

«Smettila con i tuoi trucchetti, sei sparito per più di un mese senza una spiegazione e ora hai la faccia tosta di presentarti come se non fosse successo nulla. Cos'hai fatto in tutto questo tempo?»

«Niente» aveva risposto Davide e Sara gli aveva gettato l'acqua in faccia. Era rimasta a guardarlo con aria di sfida.

Davide si era asciugato la faccia con la mano. «Tu sei pazza» aveva alzato la voce.

«E tu sei uno stronzo. Sei qui perché la tua nuova fiamma ti ha dato buca?»

Ecco, l'aveva detto.

«E tu dove hai nascosto il tuo amico?» le aveva chiesto Davide.

«Rispondi alla mia domanda» aveva insistito Sara con durezza.

«Avevo voglia di vederti. Tutto qui» aveva risposto lui con voce dolce, prima di attirarla a sé.

Sara non aveva resistito a quel richiamo. Di nuovo era pronta a credere di essere l'unica donna al mondo che Davide potesse amare.

73

Preparativi

25 dicembre 2004, ore 10.00

Erano le dieci quando aveva aperto gli occhi e lei doveva ancora preparare il pranzo di Natale. Davide dormiva profondamente ed era impensabile svegliarlo… a quell'ora antelucana… impensabile! Per fortuna gli invitati non sarebbero arrivati prima delle due, ciononostante si sentiva tesa e, mentre faceva la doccia, un pensiero assurdo si era insinuato nella sua mente: l'immagine di lei che tentava inutilmente di svegliare Davide mentre Franco e Massimo la guardavano con disprezzo e disapprovazione. Era arrossita per la vergogna.

A mezzogiorno lo metto alla porta, a costo di buttarlo giù dal letto. E ora datti una mossa.

Aveva bevuto due tazze di caffè e buttato nell'acqua bollente gli spinaci per le lasagne di magro, ma l'odore del cibo le aveva dato la nausea a causa del cerchio alla testa che la tormentava. Aveva scolato gli spinaci e sciolto due aspirine effervescenti in un bicchiere d'acqua, le aveva trangugiate. Aveva appoggiato la testa sul tavolo e si era appisolata in una specie di dormiveglia. La testa di Merlino che si strusciava sui suoi capelli l'aveva risvegliata dal torpore. Erano passati solo venti minuti, sufficienti per farle passare il mal di testa.

Era l'una quando aveva finito di cucinare e apparecchiare nel salotto il tavolo allungabile comprato all'Ikea, vi aveva disteso una tovaglia di lino rossa e un centrotavola composto di pigne, aghi di pino, noci e nocciole. Poi era entrata nella camera da letto per svegliare Davide. Al secondo tentativo lui aveva aperto gli occhi e si era stiracchiato.

«È tardi, devi andare» aveva aperto le persiane e con disappunto si era accorta che lui aveva ripreso a dormire. Si era seduta sulla sponda del letto e l'aveva strattonato: «Alzati!».

«Perché tanta fretta?» aveva chiesto Davide.

Senza rispondere aveva raccolto da terra i suoi abiti e li aveva appoggiati sulla poltrona. «Vestiti, ti preparo il caffè.» Lui le aveva afferrato la mano e lei, che non aveva voglia di giocare, si era ribellata: «Non ho tempo, ho gente a pranzo».

«Chi?»

«Non li conosci.»

Davide per tutta risposta si era allacciato le mani dietro la testa, sbadigliando.

Sara si era sentita inerme di fronte alla sua indifferenza e aveva giocato la sua ultima carta: «Già una volta ho cacciato di casa Luca, non costringermi a farlo anche con te. Ti do cinque minuti di tempo».

Era uscita dalla camera da letto ed era tornata in salotto. Vi era rimasta fino a quando aveva sentito sbattere la porta di casa.

74

Il pranzo di Natale

25 dicembre 2004, ore 13.35

Aveva spalancato le finestre della camera da letto e si era assicurata che Davide non avesse dimenticato nulla. Era corsa in bagno per truccarsi, si era messa un po' di fard sulle guance per ravvivarne il colorito e il mascara sulle ciglia, operazione che le riusciva sempre difficile, soprattutto quando era di corsa. Si era lavata le mani e in quel momento era suonato il campanello. L'orologio a muro le diceva che mancavano venti minuti alle due. Era andata ad aprire la porta con apprensione, ma alla vista di Franco aveva tirato un sospiro di sollievo. «Entra.»

Lui le aveva consegnato due grossi sacchetti. «Torno subito» le aveva detto ed era sceso di nuovo. Era ricomparso con due cartoni di vino. Poi era stata la volta di Massimo ed Elena con spumante e alcolici.

Sara aveva fatto accomodare gli ospiti in sala e dopo lo scambio di auguri avevano brindato al Natale con una bottiglia di Ferrari.

Per la prima volta, dopo quattro anni, si era sentita

a suo agio nella sua casa. Aveva intercettato lo sguardo di Franco. «Grazie, senza il tuo aiuto non sarei qui» gli aveva bisbigliato, l'amico le aveva accarezzato la mano e Sara, in un'istantanea, aveva rivisto loro adolescenti nel campetto dell'oratorio: lui seduto sul muretto e lei al biliardino in attacco. Era sul punto di commuoversi quando le era parso di cogliere un'espressione di disagio sul viso di Elena che però subito dopo le aveva sorriso.

Vuoi vedere che Franco ha fatto colpo sulla bella Elena?

Sara aveva sorriso a quel pensiero bizzarro. Franco ed Elena erano troppo diversi l'uno dall'altra: lui era compassato e mai sopra le righe, lei, al contrario, era impulsiva e spontanea.

D'altra parte anche lei si era sentita attratta da Luca. Quindi... tutto era possibile.

Da quel momento li aveva osservati con attenzione ed era giunta alla conclusione che tra i due ci fosse un'attrazione reciproca. Con la scusa di muoversi più agevolmente aveva chiesto a Elena di scambiarsi di posto e lei aveva accettato subito. L'unico che non si era accorto di niente era Massimo che aveva attenzioni solo per Merlino. Più di una volta Sara l'aveva beccato mentre di nascosto gli dava del prosciutto sotto il tavolo. Fino a quel momento si era limitata a gettargli delle occhiatacce, ma quando Massimo gli aveva dato due fette di salame non ci aveva visto più. «Smettila, non gli fa bene. Non farlo più per favore.»

«Ma gli piace» aveva risposto lui semiserio.

«Lo so, ma gli fa male. Piuttosto vieni ad aiutarmi in cucina» gli aveva intimato e lui aveva obbedito.

Sara aveva tolto dal forno la teglia di lasagne già tagliate. «Passami i piatti» aveva detto a Massimo che aveva obbedito senza battere ciglio. Aveva riempito le *fondine* e, mentre lui stava per portarli in sala, l'aveva bloccato sulla porta. «Aspetta» gli aveva detto a bassa voce con aria da congiurata.

«Cosa ho sbagliato, stavolta?» aveva chiesto Massimo, scoraggiato.

«Niente, però aspetta a portarle in tavola.»

«Perché? Io ho fame.»

Sembra Merlino. Uguale.

Sara aveva tagliato una piccola porzione di lasagne e l'aveva appoggiata su un piattino. «Mangia questa intanto» gliel'aveva detto con poca grazia.

«Perché non andiamo di là?» aveva chiesto lui con un sorriso ebete.

«Lasciamoli soli» aveva risposto Sara enigmatica.

«Non capisco.»

Non ce la può fare, aveva pensato Sara, poi col tono della maestra che si rivolge allo scolaro ottuso gli aveva spiegato: «Ho l'impressione che si piacciano».

«Elena e Franco?»

«E chi altri?»

«Dici? Io non mi sono accorto di niente.»

«Non mi meraviglia.»

«Mi stai dando dell'ingenuo?»

«Più che ingenuo direi... stordito.»

«Ah... è questa l'opinione che hai di me?» Massimo si era avvicinato fino a invadere il suo spazio personale e Sara, senza rendersene conto, aveva indietreggiato.

«Hai paura?»

«Affatto» si era appoggiata con la schiena al muro. Era evidente che Massimo voleva metterla alla prova, poi sarebbe tornato al suo posto, come sempre, e lei ne sarebbe uscita vincitrice. Stavolta, però, sembrava più determinato del solito e Sara aveva cominciato a pensare che stesse facendo sul serio. Era così vicino che poteva sentire il suo respiro.

«Che cavolo ti prende?» gli aveva chiesto stupita mentre fissava i suoi occhi grigi. Vi aveva letto sospetto e una certa aggressività.

Lui aveva appoggiato una mano sul pensile e l'altra sul bordo del lavello; l'aveva praticamente messa nell'angolo.

«Pensi veramente che io sia uno stordito?» le aveva chiesto.

«A volte...»

«E tu, a volte, manchi di sensibilità.»

Sara si era morsa il labbro inferiore e aveva tentato di rimediare: «Stavo scherzando, non volevo offenderti. Scusa».

«Scuse accettate» Massimo aveva pronunciato le parole con severità, poi con un sorriso indecifrabile le aveva detto: «Io vado di là».

75

Neve

25 dicembre 2004, ore 18.00

Era calata la sera ed erano ancora a tavola a conversare. Merlino, finalmente sazio, dormiva beato nella sua cuccia e Sara era andata in cucina a sistemare nei contenitori il cibo avanzato. «C'è da mangiare per due giorni» aveva detto ad alta voce, poi rivolta a Massimo che si era affacciato sulla porta: «Avete impegni domani?».

«No.»

«Allora venite a pranzo.»

Aveva aperto la finestra per cambiare l'aria. Il cielo era grigiastro e nell'aria fredda e pungente si percepiva un odore particolare che pizzicava il naso. Aveva guardato il lampione in strada e aveva scorto dei piccolissimi fiocchi.

«Nevica!» aveva esultato dalla contentezza. Massimo aveva spento la luce ed erano rimasti al buio a guardare i minuscoli cristalli che danzavano nell'atmosfera.

«Qui si gela!» la voce di Elena aveva spezzato la

complicità che si era creata tra loro e la magia era svanita. Per rimediare, Sara aveva proposto di andare a fare una passeggiata al Parco Lambro. «È qui vicino, almeno facciamo quattro passi.» Elena però non sembrava molto convinta: «Non ho le scarpe adatte e poi fa freddo» aveva piagnucolato. Franco si era offerto di tenerle compagnia, mentre Sara e Massimo, dopo essersi scambiati una rapida occhiata, si erano infilati i piumini ed erano usciti.

Camminavano, attenti a non scivolare sul leggero strato di neve che ricopriva le strade fino a quando erano arrivati all'entrata del parco di Via Feltre. E lì si erano scatenati giocando a rincorrersi e a nascondersi tra gli alberi già imbiancati.

La neve soffice aveva spruzzato leggermente anche i prati, ma non era sufficiente per fare le palle di neve. Sara, approfittando di un momento di distrazione di Massimo, ne aveva raccolta una piccola quantità da un arbusto e gliel'aveva infilata nel collo, poi era fuggita ridendo mentre lui la inseguiva. Si era fermata, ansimante per l'eccitazione. «Pace» aveva detto con voce soffocata dal riso, prima che lui la raggiungesse.

«Troppo tardi» Massimo l'aveva acciuffata, nella mano destra teneva della neve pressata.

Sara era riuscita a divincolarsi ma era troppo stanca per correre. Aveva alzato le mani. «Mi arrendo» aveva balbettato tra un eccesso di riso e l'altro. Era da un pezzo che non si divertiva così, sentiva le gambe molli e per non cadere si era appoggiata di peso al petto di Massimo facendolo sbandare.

«Stai bene?»

«Mai stata meglio» aveva alzato la testa e di colpo aveva smesso di ridere. Il volto di Massimo era un libro aperto: esprimeva rimpianto e nostalgia come la notte in cui le aveva dato il passaggio in macchina. Con la differenza che ora anche lei provava gli stessi sentimenti, leggeva nei suoi occhi il desiderio che accendeva il suo, ma aveva paura di farlo soffrire come Davide stava facendo soffrire lei. «Lo sai che è un errore» gli aveva detto ed era davvero convinta che lo fosse anche se, a essere sincera, aveva una gran voglia di commettere l'errore.

«E chi lo dice?»

«Non voglio farti del male…»

«Ti ho già detto che sono pronto a correre il rischio. Il punto è se lo vuoi correre tu.»

L'aveva messa alle corde e lei non voleva scegliere, non ne aveva il coraggio.

«Vuoi che decida io per te. È questo che vuoi, vero?» le aveva chiesto Massimo, con aria di sfida.

«No. Insieme» gli aveva messo le braccia intorno al collo e lo aveva baciato sulle labbra.

76

Inviti

25 dicembre 2004, ore 20.00

Erano quasi le otto quando erano rientrati infreddoliti. «Vi avevamo dati per dispersi» aveva detto Elena con curiosità.

«Abbiamo giocato a palle di neve, sono congelata» aveva balbettato Sara mentre si soffiava sulle mani. «Voi cosa avete fatto?»

«Abbiamo guardato la televisione. A proposito Franco mi ha invitata a Roma per l'ultimo dell'anno.»

«A Roma, dove?» aveva chiesto Massimo con poca discrezione.

«Fratello, da quando mi controlli?»

Era intervenuto Franco. «A casa di amici, li conosce anche Sara» l'aveva detto, come se fosse una garanzia.

«E quando pensi di tornare?» aveva domandato Massimo alla sorella.

Elena aveva interrogato Franco con lo sguardo e lui aveva risposto: «Il 3 gennaio al più tardi. Puoi venire anche tu, naturalmente, Sara purtroppo deve lavorare».

L'invito più formale che davvero sentito aveva soddisfatto Massimo, il quale si era negato: «Grazie, ma anch'io devo lavorare, magari un'altra volta».

Aveva sorriso a Sara con complicità.

Si erano salutati verso le undici dandosi appuntamento per il pranzo del giorno dopo.

Sara stava per addormentarsi quando aveva ricevuto un messaggio di Massimo: «Ti va di passare insieme l'ultimo dell'anno con i gatti?»

«Mi va» aveva risposto Sara. Prima di scivolare sotto le coperte si era ricordata del suo proposito, si era alzata e aveva staccato il citofono.

77

Semplice intuito femminile

26 dicembre 2004, ore 12.30

Era mezzogiorno passato quando il telefono era squillato, dall'altra parte del filo la voce di Franco: «Sono sotto casa, ma il citofono non funziona».

Sara aveva avvertito un'urgenza nella voce dell'amico. «Prova ora» aveva risposto mentre riagganciava la cornetta, subito aveva sentito la chiamata e premuto il pulsante. L'aveva aspettato davanti all'ingresso.

«Devi dirmi qualcosa?» aveva chiesto all'amico mentre appendeva nell'armadio il suo loden grigio.

«*Mmm*, sì, non so da che parte cominciare» aveva risposto Franco.

Dov'era finito l'amico compassato di sempre? Sara, nel vederlo insicuro, aveva provato tenerezza. «Vieni, è pronto il caffè.»

Erano andati in cucina e si erano seduti uno di fronte all'altra. Più volte, Franco era stato sul punto di parlare, ma ogni volta ci aveva ripensato. Toccava a lei fare la prima mossa se non volevano diventare vecchi. «Si tratta di Elena, vero?»

«Te l'ha detto lei?»

«No, ma è evidente che ti piace.»

«Si vede così tanto?» aveva chiesto Franco con imbarazzo.

«Abbastanza.»

Franco aveva versato il caffè nella tazzina di Sara. «Cosa sai di lei?»

«Non molto, l'ho vista solo due volte, so che vive a Londra ed è molto affezionata al fratello, è simpatica e soprattutto non se la tira, il che non è poco.»

«È fidanzata?»

«Non credo. Di cosa avete parlato ieri quando siete rimasti soli?»

«Del mio lavoro.»

«Franco!»

«Che c'è?»

«L'avrai tediata a morte.»

Franco si era incupito e Sara aveva tentato di rimediare: «Voglio dire, non è un argomento sul quale soffermarsi troppo, spero abbiate parlato anche d'altro».

«Abbiamo parlato di te.»

«Di me?»

«Di noi due. Elena mi ha chiesto da quanto tempo ci conosciamo, e se siamo stati insieme.»

Sara era rimasta con la tazzina sospesa in aria. «Davvero? Vuol dire che le interessi, sono felice per te.» Poi l'ilarità aveva preso il sopravvento sullo stupore e aveva canticchiato: «Roma nun fa' la stupida stasera...»[10]

[10] Brano musicale composto da Armando Trovajoli, testi di Garinei e Giovannini, parte della colonna sonora della commedia musicale *Il Rugantino,* rappresentata per la prima volta al Sistina di Roma il 15 dicembre 1962.

78

Apprendimento

Dal 27 al 30 dicembre 2004

Nei giorni successivi, Sara si era concentrata sul lavoro. Le restavano solo quattro giorni di tempo per apprendere da Anna, l'impiegata che lei avrebbe sostituito, tutto quello che era necessario per le sue mansioni.

Anna aveva trentotto anni anche se il suo corpo sfatto da tre gravidanze ne dimostrava di più. Si era premurata di dare a Sara il suo numero di telefono. «Casomai avessi qualche dubbio...» le aveva detto con tono rassicurante. Era una donna gentile e Sara aveva apprezzato la sua disponibilità. In fondo non tutti i colletti bianchi erano degli stronzi.

Erano stati giorni di isolamento quasi totale. Trascorreva le serate in casa a leggere il materiale didattico che le aveva fornito l'azienda, in attesa dell'ultimo dell'anno, quando insieme a Massimo, che sarebbe rientrato da Verona per lavoro, sarebbero andati al gattile.

79

Delizie. La mia coppia preferita

31 dicembre 2004, ore 13.00

Si era lasciata alle spalle il palazzo Liberty con i suoi dannati putti e si era diretta a passi rapidi verso la metropolitana. Aveva programmato il pomeriggio nei minimi particolari: a casa di Antonio e Rosaria, poi all'Alterego per ritirare lo stipendio e infine al gattile di Via Teodosio dove l'aspettava Massimo.

Antonio e Rosaria si erano prodigati nel preparare i suoi dolci preferiti: pastiera, struffoli e cassate ricoprivano la tavola e Sara, davanti a quel ben di Dio, non aveva saputo dire di no. Si era abbuffata, letteralmente.

Prima di andarsene, Rosaria aveva insistito per darle un sacchetto pieno di leccornie.

«Siete la mia coppia preferita» aveva detto Sara stringendoli in un abbraccio.

80

Svelamento

31 dicembre 2004, ore 16.00

Erano quasi le quattro quando era arrivata davanti al pub.

Aveva avuto un attimo di esitazione davanti alla saracinesca abbassata a metà. La prospettiva di vedere Filippo non la riempiva di gioia, ma la vista del parrucchiere che stava uscendo dal negozio a fianco l'aveva convinta a varcare la soglia.

Il locale era al buio ma dalla porta socchiusa della cucina filtrava una luce. Era entrata e aveva visto Filippo chino sul tavolo in acciaio; cosa cazzo stava facendo?

Lui si era girato di tre quarti lasciando in vista una striscia di polvere bianca; farina?

«Che cosa vuoi?» le aveva chiesto e Sara aveva notato sulle narici dell'uomo la stessa polvere bianca disposta sul ripiano... *Non è farina, Watson.*

Per lo stupore aveva balbettato: «Sono venuta a ritirare lo stipendio, eravamo d'accordo».

«Non posso pagarti; questo mese ho avuto delle

spese impreviste.»

«I soldi per quella roba, però, li hai.»

Filippo si era schiarito la voce: «Ripassa tra un mese».

«Tra un mese la liquidazione. Ora voglio il mensile di dicembre.»

«La liquidazione? Ti ha dato di volta il cervello?»

«Sei tu che non ci stai più con la testa. Non era mia intenzione chiedertela, ma visto come ti comporti, ora la pretendo.»

Invece di rispondere lui aveva teso l'orecchio. Qualcuno era entrato nel locale, si sentivano dei passi avvicinarsi.

«Filippo, sei in cucina?»

Sara aveva avuto un sussulto, era la voce di Davide. Era lui. Aveva provato quasi paura nel vederlo entrare.

«Ecco il tuo amico» le aveva detto Filippo, poi rivolto a Davide: «Serviti» gli aveva indicato la polvere bianca...

Davide vedendo Sara era trasalito. «Che ci fai qui?» aveva chiesto contrariato.

«Non certo a *pippare*» aveva risposto Sara disgustata, poi si era girata verso Filippo che le aveva sorriso con perfidia.

Figlio di puttana, l'ha fatto apposta...

Si era appoggiata al muro per non cadere. «È la tua ultima parola?» aveva chiesto al gestore.

«Te l'ho già detto: ripassa tra un mese» Filippo aveva arrotolato una banconota da cinque euro e l'aveva data a Davide che aveva guardato Sara con aria di sfida: «Che hai da guardare? A te piace il tabacco e a me piace la coca».

Sara aveva osservato i due uomini e li aveva valutati. *Compagni di merende.*

Era uscita con la cerniera del piumino aperta, incurante del freddo. Di colpo il mondo le era crollato addosso. Ora tutto era chiaro: i comportamenti strani di Davide, la sua "amicizia" con Filippo e lei non aveva capito niente.

Qualcuno l'aveva trattenuta mentre era scattato il rosso. «Vuoi farti ammazzare?»

Si era divincolata dalla stretta di Davide e si era guardata il braccio inorridita come se vi avesse visto uno scarafaggio.

«Ti rendi conto che il tuo amico l'ha fatto apposta? Mi ha dato appuntamento alle quattro quando sapeva che tu saresti arrivato. E tu cosa fai? Niente. Niente, perché tu hai paura di Filippo, hai paura che non ti dia più la coca. Davvero non so più cosa pensare di te, tranne che mi fai schifo.»

Davide le aveva puntato l'indice contro: «Io non ho paura di nessuno, chiaro? Quanto al resto pensa pure quello che vuoi».

Nonostante il freddo pungente Sara si sentiva scottare, si era scostata una ciocca di capelli che le si era appiccicata sulla fronte. «A questo punto posso pensare qualsiasi cosa. Non sapevo che ti drogavi, tuttora non so cosa facevi alla sera quando venivi a casa mia alle cinque di mattina ubriaco perso. Magari ti sbattevi qualche troia insieme a Filippo e questo spiegherebbe perché Antonella l'ha mollato. Ecco perché. È stata più sveglia di me, decisamente» aveva scosso la testa, avvilita.

Davide, che fino a quel momento era rimasto in silenzio, era sbottato: «Se avessi voluto sbattermi una troia non sarei venuto da te alle cinque di mattina, mi piace passare la serata a *pippare* con gli amici. Punto. Quanto alla cocaina, non ti ho detto nulla perché so che ne avresti fatto una tragedia.»

In effetti Davide tornava sempre da lei, quindi era possibile che fosse sincero rispetto al problema "troie", sta di fatto che le aveva nascosto di essere un tossico. «Dovevi dirmelo invece, dovevi darmi la possibilità di scegliere se stare con un drogato oppure no.»

«Anche tu lo sei, fumi e bevi.»

«Si dà il caso che l'alcol e il tabacco siano droghe diverse. Inoltre io sono in grado di gestirle, non come te che alle undici di mattina sembri uno zombie e vivi ancora con mamma e papà. Fossi in te mi vergognerei.»

«Io invece no. Lavora tu visto che ti piace tanto.»

Perfetto. Aveva a che fare con un cocainomane, figlio di papà e pure spocchioso.

Per mesi era stata cieca e muta, ora voleva vederci chiaro e soprattutto doveva sfogarsi. «Ti comporti nello stesso modo con la ragazza bionda? Voglio dire... vai a trovarla alle cinque di mattina?»

«Sì, a differenza tua lei non si è mai lamentata». Davide l'aveva guardata con cattiveria.

In quel momento Sara aveva desiderato aprirgli il cuore con un coltello, ma forse c'erano altri modi per fargli male. «Quindi state insieme?»

«Perché me lo chiedi, sei gelosa?» aveva infierito Davide.

«Nossignore, semplice curiosità, del resto anche io ho un altro.»

Aveva fatto una pausa per studiare la reazione di Davide che sembrava calmo, non fosse stato per le mani chiuse a pugno.

Sara gli si era avvicinata e negli occhi di Davide aveva letto incredulità e sgomento. Il coltello l'aveva raggiunto, ora ne aveva la certezza. Aveva provato un piacere intenso che le era sceso nelle viscere. Gli aveva dato un buffetto sulla guancia, come quando si volevano bene.

Davide si era irrigidito e Sara aveva tentato l'ultimo affondo: «Non fare quella faccia, davvero pensavi che ti avrei aspettato?».

«E dov'era il tuo nuovo fidanzato la vigilia di Natale?» aveva ribattuto lui ironico.

«Era via per lavoro, ci siamo visti a Natale, dopo che tu te ne sei andato.»

«Ora ho capito... il pranzo di Natale. Quindi prima hai scopato con me e poi con lui. Complimenti Sara... non sei quella che pensavo.»

«Neanche tu sei quello che pensavo» Sara aveva sorriso, cattiva.

«È Massimo, vero?» aveva domandato Davide.

Sara aveva scosso la testa: «No, Massimo è solo un amico».

«Allora è quello che ti faceva il filo al pub» aveva insistito Davide.

«Nemmeno. È un vecchio compagno di università, non lo conosci. Ora se non ti dispiace parliamo di cose più importanti. Di' al tuo amico che se non mi paga, lunedì vado alla Camera del lavoro e gli faccio causa e citerò te come testimone.»

Era scattato il verde. Sara, aveva attraversato l'incrocio e non aveva resistito all'impulso di gettare un ultimo sguardo su Davide, fermo sul marciapiede opposto. In quel momento si era resa conto che vendicarsi non le era servito a nulla, anzi... il piacere intenso che aveva provato pochi minuti prima era svanito e al suo posto era subentrato solo un grande sconforto.

Aveva vagato senza una meta precisa, fino a

quando si era ritrovata ai giardini di Piazza Leonardo, si era seduta su una panchina mentre il sole tramontava.

81

Senso di vuoto

31 dicembre 2004, ore 16.50

Aveva infilato la mano nella borsa per prendere un fazzoletto e aveva sentito il telefonino vibrare, sul *display* era apparso il nome di Massimo. «Pronto» aveva risposto con un filo di voce.

«Sara, perché non rispondi?»

«Avevo silenziato il telefonino a casa di Antonio e quando sono uscita me ne sono dimenticata.»

«Dove sei?»

«In Piazza Leonardo davanti al Politecnico.»

«Rimani lì, vengo a prenderti.»

Massimo era arrivato dopo pochi minuti, le si era seduto a fianco. «Hai l'aria stravolta, cos'è successo?»

«Sono passata al pub per ritirare lo stipendio e Filippo mi ha detto di ripassare tra un mese.»

«E poi?»

«Non ti sembra sufficiente?»

«Sufficiente per essere arrabbiata, ma tu sei addolorata, si tratta di Davide vero?»

«Sì.»

Massimo si era morsicato il labbro, aveva fissato l'asfalto, incupito, poi la frenata di un'automobile l'aveva distolto dai suoi pensieri. «Andiamo al gattile» aveva detto con voce ferma. Si era alzato e Sara l'aveva trattenuto per un braccio. «Prima ho bisogno di bere.»

82

I poteri taumaturgici del gatto

31 dicembre 2004, ore 17.30

Aveva varcato la soglia del gattile come un automa tanto era demoralizzata. La stanza, nonostante si trovasse in un seminterrato, era accogliente e ben illuminata; lungo le pareti vi erano delle gabbiette aperte dove alcuni gatti sonnecchiavano, altri invece circolavano liberamente nella stanza.

«È bellissimo questo posto» aveva esclamato Massimo, entusiasta.

«Te l'avevo detto» aveva ribadito Sara, eccitata. A un tratto aveva avvertito una leggera pressione sulla testa, istintivamente si era toccata e aveva sentito al tatto un morbido polpastrello. Dall'alto di una mensola un gatto a squame di tartaruga la fissava. Sara aveva teso la mano per accarezzarlo. Il felino con un balzo leggero era sceso per poi sistemarsi sulle sue spalle a mo' di collo di pelliccia e aveva iniziato a fare le fusa.

Era sopraggiunta una giovane donna, con i capelli raccolti in una coda di cavallo e indosso un paio di jeans e una felpa in pile.

«Salve, vedo che avete già fatto amicizia» aveva indicato il micio appollaiato che aveva iniziato a *fare la pasta* sul piumino di Sara.

«Piacere Sandra, sono una volontaria, la signora Rosy ha avuto un contrattempo e arriva più tardi. Potete dire a me» aveva teso la mano a Sara e poi a Massimo che l'aveva stretta con vigore.

Sara contemplava i gatti, indecisa sul da farsi, avrebbe voluto adottarli tutti e invece doveva scegliere. Aveva guardato Massimo e lui aveva preso in mano le redini della situazione, aveva accarezzato il gatto-tartaruga e rivolto a Sandra: «Secondo lei può andare d'accordo con un gatto maschio, buono?».

«Assolutamente sì. È una femmina ed è molto affettuosa.»

«Ha già un nome?» aveva chiesto Sara, sperando in un diniego.

«Non ancora.»

«Allora...Viviana» Sara si era rivolta a Massimo in cerca di approvazione e lui aveva fatto segno di sì.

Non era ancora finita.

«Avete bambini piccoli?» aveva chiesto Sandra.

Si era creato un silenzio imbarazzante ed era toccato a Sara chiarire l'equivoco. «No, nessun bambino, lui non è mio marito... è solo un amico» aveva balbettato, confusa.

Erano usciti in preda all'agitazione, Massimo aveva

appoggiato con cura il trasportino sul sedile posteriore, poi era salito in macchina emozionato e Sara gli aveva regalato un sorriso di gratitudine: «Grazie, non so cosa avrei fatto senza di te».

Lui aveva sorriso soddisfatto: «Andiamo a casa».

83

Incontri ravvicinati

31 dicembre 2004, ore 19.00

Viviana si era adattata quasi subito, aveva ispezionato attentamente la casa e quando aveva visto Merlino gli era andata incontro curiosa. Lui, che non era sulla stessa lunghezza d'onda, aveva soffiato e si era nascosto sotto il divano. Senza rendersene conto Sara aveva stretto la mano di Massimo, che l'aveva rassicurata. «Dagli tempo, è solo spaventato.»

Aveva avuto ragione. All'ora della pappa, Merlino cuor di leone si era deciso a uscire dal suo rifugio.

Sara aveva appoggiato le ciotole a una certa distanza l'una dall'altra e il gatto, abbandonata ogni remora, aveva ingurgitato il suo pasto; Viviana, invece, aveva lasciato nel recipiente un po' di cibo che lui aveva gradito, poi Merlino aveva preso possesso del divano mentre Viviana sulla poltrona di fronte si leccava i baffi.

Sara aveva chiuso tutte le persiane per attutire il rumore dei botti in strada – Merlino ne era terrorizzato – e aveva lasciato aperto un armadio dove avrebbe potuto rifugiarsi insieme a Viviana.

84

Aperitivo in casa

31 dicembre 2004, ore 20.00

Sara, rassicurata, si era dedicata ai preparativi per il cenone. In realtà non aveva avuto tempo di cucinare. Di pronto c'erano solo i dolci di Antonio e Rosaria. Al resto aveva provveduto Massimo che nel primo pomeriggio aveva comprato in gastronomia una ricca insalata di pesce, dei calamari ripieni e delle cozze con un contorno di verdure al forno gratinate. Nel frigorifero riposavano due bottiglie di Franciacorta Brut.

Sara aveva aperto l'ultimo contenitore e vi aveva trovato l'immancabile cotechino con lenticchie.

Il cotechino te lo mangi tu.

Aveva apparecchiato la tavola con la tovaglia rossa e i calici di cristallo di Boemia, regalo di nozze di zia Lidia, e finalmente si era seduta sul divano a fianco dei gatti. Li aveva guardati soddisfatta e si era quasi appisolata al suono ritmico delle loro fusa quando era sopraggiunto Massimo che era sceso a spostare l'automobile.

«Vuoi cenare?» gli aveva chiesto Sara.

«Tra un po'» Massimo si era seduto con delicatezza sul lato opposto del sofà, l'unico spazio libero.

Si era creato un clima di distensione e Sara si era sentita in vena di confidenze. «La prima gatta che ho avuto era una femmina tigrata, terribile e piena di fisime».

«In che senso fisime?»

«Per esempio se mi vedeva con le gonne mi graffiava le gambe; mi tendeva gli agguati dietro a una tenda e quando passavo mi attaccava.»

«Ma dai!»

«Te lo giuro. Mi costringeva a indossare i jeans anche in estate. Era matta da legare, però le volevo un gran bene, per me era una creatura rara; ero convinta che avesse dei poteri magici ed ero fiera della sua amicizia, un po' meno delle sue attenzioni...»

Aveva accarezzato i gatti sovrappensiero e senza volerlo aveva sfiorato la mano di Massimo. «Cosa vuoi da bere?» gli aveva chiesto per evitare fraintendimenti.

«Un Manhattan?»

«Ottima idea» si era alzata, subito seguita da Massimo. «Hai paura che ti avveleni?» aveva chiesto divertita.

«La verità è che mi piace guardarti mentre prepari i *cocktail*.»

Sara aveva appoggiato sul tavolo della cucina gli attrezzi del mestiere, la bottiglia di Canadian, il Martini e l'angostura, gli aveva dato il barattolo di ciliegine. «Aprila, per favore.»

Aveva miscelato il tutto insieme al ghiaccio nel *mixing glass* e l'aveva versato nelle coppette, infine le aveva guarnite con una ciliegina al maraschino.

Avvertiva su di sé lo sguardo attento di Massimo e si era ricordata di quando l'aveva conosciuto alla festa del suo compleanno. Nonostante fosse ubriaco perso le era parso simpatico. Aveva sorriso ripensando a quel pomeriggio di settembre: «Eccoti servito».

«A cosa stai pensando?» le aveva chiesto Massimo.

«Al tuo compleanno» aveva posato la coppetta sul tavolo e si era abbandonata a una risata incontenibile.

Massimo si era passato una mano sulla fronte: «Che figura di merda! Me la rinfaccerai a vita, vero?».

Sara aveva fatto segno di sì con la testa.

«Sempre che io te lo permetta, Sara De Rosa.»

Le aveva messo una mano sulla spalla e l'aveva spinta piano ma con decisione contro il muro, si era chinato su di lei.

Sara aveva smesso di ridere. Tra lei e Massimo c'era un discorso lasciato in sospeso e le sensazioni che aveva provato durante la passeggiata al parco la sera di Natale, ora, riaffioravano con prepotenza. Si sentiva completamente rilassata tanto che sarebbe scivolata lungo la parete se lui non l'avesse sostenuta. Si era rifugiata tra le sue braccia, sentiva il calore del suo corpo diffondersi nel suo fino a quando una contrazione al basso ventre l'aveva lasciata senza fiato.

85

Maledetti botti

31 dicembre 2004, ore 23.50

Il rumore dei botti e dei fuochi d'artificio aveva messo in allarme Sara che era balzata giù dal letto.

«Dove vai?» le aveva chiesto Massimo.

«Merlino ha il terrore dei botti» aveva risposto mentre si infilava la vestaglia.

Era andata in corridoio e aveva guardato attraverso l'anta socchiusa dell'armadio, nel buio aveva visto brillare gli occhi dei felini. «Tranquilli, piccolini» aveva riaccostato il battente e subito dopo, con tutt'altro tono, aveva inveito contro i bombaroli: «Pezzi di merda!».

«Si sono spaventati?» era sopraggiunto Massimo.

«Eccome. Sai dove glieli metterei i botti?»

Massimo aveva fatto segno di sì, poi l'aveva presa per mano: «Brindiamo al nuovo anno e poi mangiamo, sto morendo di fame».

86

A volte ritornano

1 gennaio 2005, ore 05.00

Erano le due del mattino quando Merlino e Viviana si erano decisi a uscire dall'armadio. Avevano festeggiato il nuovo anno con una manciata di croccantini e finalmente era calata la quiete sulla casa.

Sara si era addormentata quasi subito, nel sogno s'era imbattuta in Davide e Filippo che ridevano alle sue spalle, ma lei non aveva voce e, per quanto si sforzasse, dalla gola le uscivano solo dei suoni inarticolati, aveva concentrato tutte le sue forze e finalmente era esplosa in un grido. Si era svegliata madida di sudore mentre il cellulare squillava. Ancora Davide che la perseguitava. Doveva farlo smettere una volta per tutte.

«Che cosa vuoi ancora?» aveva chiesto a denti stretti.

«Filippo mi ha dato una busta, dentro c'è il tuo stipendio e la liquidazione, apri.»

«Non sono sola, chiamami domani» Sara aveva spento il cellulare, stava per scivolare sotto le coperte con cautela quando la voce di Massimo l'aveva raggelata.

«Era Davide, vero?»

Sara era rimasta in silenzio, non sapeva se più esasperata o umiliata. «Sì» aveva risposto con voce atona.

«Cosa voleva?»

«Darmi i soldi dello stipendio.»

Lui aveva acceso la luce e guardato l'orologio sul comodino: «Alle cinque del mattino? Non ci credo».

Sara stava per ribattere, ma si era resa conto che era una difesa impossibile. Neanche lei ci credeva.

«Ti chiama sempre a quest'ora?»

Sara l'aveva guardato stupita, la voce di Massimo ora esprimeva disprezzo. Doveva reagire, in qualche modo.

«Non è divertente» aveva detto a bassa voce.

«Neanche per me, te lo assicuro. Tolgo il disturbo» aveva fatto il gesto di alzarsi e a quel punto Sara aveva capito che doveva mettere da parte l'orgoglio. «Rimani, per favore.»

«Se me ne vado subito fai in tempo a richiamare Davide.»

Dunque aveva ascoltato la conversazione e frainteso le sue parole, doveva trovare le parole adatte per convincerlo.

«Che tu ci creda o no, stanotte non l'avrei fatto salire anche se fossi stata sola.»

«Inventa una scusa migliore» Massimo aveva appoggiato i piedi per terra, cercava i vestiti. In quel momento Sara si era resa conto che non voleva perderlo. Lo aveva abbracciato da dietro: «Rimani con me, ti prego».

Massimo era rimasto con la camicia a mezz'aria. «Perché?»

«Perché te lo chiedo e perché lo vogliamo entrambi». Lo aveva baciato sulla nuca e lui aveva appoggiato la testa sulla spalla di Sara.

87

Capodanno di fiele

1 gennaio 2005, ore 11.00

Si era svegliata e Massimo non c'era, non v'era traccia nemmeno dei suoi vestiti e la casa era immersa nel silenzio.

Non poteva essersene andato senza salutarla, poche ore prima le aveva confessato di amarla e lei stranamente non aveva provato il bisogno di fuggire, anzi si era sentita protetta. Forse era andato a casa a prendere della biancheria e sicuramente le aveva lasciato un biglietto in cucina. Non poteva essere altrimenti.

Anche Merlino e Viviana non erano presenti all'appello. Si era alzata di malumore ed era andata in cucina, con sollievo vi aveva trovato Massimo.

«Ah, sei qui, per un attimo ho pensato che te ne fossi andato.»

Ecco la prima gaffe dell'anno.

«Non senza averti salutato.»

Per un istante le era sembrato di cogliere una punta di ironia, d'altra parte se lo meritava. «Hai dato da mangiare ai gatti!» aveva esclamato stupita.

«Non dovevo?» aveva chiesto lui, polemico.

«No, hai fatto benissimo. Ti preparo un caffè?»

«È già pronto, siediti devo parlarti.»

Sara si era seduta mentre lui accendeva il gas sotto la caffettiera. Era rimasta in silenzio con un brutto presentimento.

Massimo si era seduto di fronte a lei.

A parte il padre e Antonio, nessun uomo le aveva mai preparato il caffè. Un altro punto a suo favore, ma... oggi c'era qualcosa di diverso in lui. Era gentile, ma distaccato, e maledettamente serio. Brutto segno.

Doveva a tutti i costi farsi perdonare. «Mi spiace per stanotte» aveva detto tutto d'un fiato.

«A me spiace per te. Perché glielo permetti?»

Massimo le aveva toccato un nervo scoperto e Sara, per la vergogna, si era mordicchiata la pelle dell'indice sinistro.

Era arrivato il momento di guardare in faccia la realtà: Davide era un tossico, ma anche lei lo era, pur non facendo uso di droghe. L'amore per Luca si era rivelato tossico e lei vi si era crogiolata fino a diventarne dipendente, ora la storia si ripeteva con Davide.

Le era sceso un velo sugli occhi. «Scusa, torno subito» si era rifugiata in bagno, non voleva fargli compassione. Lei non era una vittima, era solo una tossica testa di cazzo. Punto.

Si era sciacquata il viso ed era tornata in cucina. «Sai cos'è la passione?» gli aveva chiesto a bruciapelo.

«Dimmelo tu» aveva risposto Massimo con freddezza.

«È qualcosa che ti invade al punto di non poter più vivere senza, allora cominci a cedere su tutti i fronti... fino a quando non hai più difese e l'unica cosa che ti rimane è l'attesa che ti svuota di ogni energia e l'altro se ne approfitta. A te non è mai successo?»

«Non al punto da farmi umiliare o mancare di rispetto. Io non mi permetterei mai di chiamarti alle cinque di mattina perché mi è venuta voglia di scopare.»

Sara aveva incassato senza ribattere e si era concentrata sulla tazza del caffè. Non aveva il diritto di fare l'offesa, in fondo Massimo le aveva detto ad alta voce quello che lei si ripeteva incessantemente da mesi, anche se sentirselo dire era tutt'altra cosa. E Franco? Anche lui sarebbe stato d'accordo, magari si sarebbe espresso in maniera meno brutale, ma la sostanza sarebbe rimasta invariata.

«Mi disprezzi, vero?» gli aveva chiesto a bassa voce.

Massimo aveva scosso le spalle, come se stesse pensando ad altro: «Mi hanno proposto un lavoro a Londra. Ho deciso di accettare».

«Per quanto tempo?»

«Tre mesi o forse di più.»

«Hai deciso stanotte?»

«Sì, ho bisogno di riflettere.»

«Avevi detto che eri disposto a correre il rischio.»

«Mi sbagliavo. Ho capito che tu non proverai mai per me quello che provi per Davide. Lui ti è penetrato nel cervello, ed è diventato un'idea fissa. L'hai detto tu venti giorni fa, te lo sei dimenticato?» aveva alzato la voce, alterato.

«Appunto, venti giorni fa, ora è diverso, sento che qualcosa sta cambiando» si era massaggiata le tempie.

«Bene, ora avrai tempo per schiarirti le idee.»

Si era alzato, aveva accarezzato i gatti: «Se non ti spiace, qualche volta ti chiamo per sapere come stanno».

Sara lo aveva guardato incredula. «Mi stai dicendo che non ci vedremo più?» aveva chiesto sbigottita.

«Non mi va di essere una seconda scelta.»

Ecco. La storia si ripeteva. Anche lei non voleva essere una seconda scelta.

Mentre lui si infilava il piumino Sara si era ricordata della cravatta. «Aspetta, devo darti una cosa» gli aveva consegnato la confezione regalo. Il volto di Massimo si era addolcito e per un attimo Sara aveva sperato di fargli cambiare idea, di farlo ritornare sui suoi passi. Non poteva andarsene via così. Cazzo!

Si era messa davanti alla porta di casa. «Aprila» gli aveva detto con tono allegro.

«L'aprirò a casa, ora devo andare.»

La voce di Massimo era gentile ma ferma e Sara si era resa conto che lui non avrebbe cambiato idea. Non aveva più alcuna influenza su di lui, nessun potere.

L'aveva sottovalutato e si era sopravvalutata.

Era rimasta a guardarlo mentre scendeva le scale e, come se stesse recitando un mantra, aveva ripetuto dentro di sé: «Voltati» fino a quando lui era sparito alla sua vista.

Era così stupita che non sapeva se ridere o piangere. Proprio ora che intravedeva uno spiraglio, Massimo aveva mescolato le carte.

Era un ottimo inizio dell'anno. Decisamente.

88

Basta finzioni

1 gennaio 2005, ore 16.00

Stava sonnecchiando quando l'aveva chiamata Davide.

«Ciao, passo tra un'ora con i soldi, va bene?»

«Meglio se ci troviamo fuori.»

«Dove? È tutto chiuso.»

«C'è un bar aperto vicino casa, chiama quando arrivi.»

Era l'unica notizia buona della giornata. Il giorno dopo avrebbe pagato la rata della casa a Luca e poi... aveva un lavoro, a cui dedicare tempo e energie, e i suoi gatti. Era tanto. Doveva reagire e non piangersi addosso.

Si era alzata dal letto controvoglia ed era andata alla finestra. Le strade erano vuote e stava calando la nebbia che a lei piaceva tanto, checché ne dicesse la gente.

A parte il caffè non aveva toccato cibo e il suo stomaco ora lo reclamava. Aveva mangiato gli avanzi della pastiera e si era vestita con calma mentre Merlino e Viviana sonnecchiavano.

Menomale che almeno loro non sono soli.

Il suono del citofono l'aveva quasi spaventata. «Scendo subito» aveva risposto senza aprire il portone.

Il bar era affollato e i tavolini tutti occupati. «Andiamo al parco» aveva proposto Sara. Si erano seduti su una panchina e Davide le aveva dato una busta: «C'è anche la liquidazione, controlla».

«Mi fido» aveva detto svogliata, ma Davide aveva insistito: «Per favore».

Sara non conosceva l'ammontare esatto della liquidazione. Si era limitata a verificare l'importo dello stipendio. «Va bene» aveva infilato la busta nella tasca della borsa.

«Posso dire a Filippo che è tutto a posto?»

«Sì, sì, rassicura paparino» aveva guardato Davide con un sorriso tagliente che però le si era smorzato sulle labbra.

Era arrivato il momento di tagliare il cordone ombelicale e ora che stava per reciderlo provava un dolore così intenso che non le importava più niente, non le importava che Davide la vedesse piangere o capisse quanto lei era debole. Basta finzioni.

Era scoppiata in un pianto irrefrenabile.

Davide l'aveva avvolta tra le braccia. «Non fare così, ti prego» l'aveva supplicata, ma lei non riusciva frenarsi e gli aveva inzuppato di lacrime il bavero del giubbotto.

A poco a poco si era calmata per sfinimento, aveva soffiato il naso più volte e infine s'era decisa a dirgli la verità o quella che lei pensava fosse la verità. «Davide, non potrò mai dimenticarti perché con te sono stata troppo felice e la passione che ho provato per te non l'ho mai provata per nessun altro uomo, nemmeno per mio marito...»

Davide l'aveva interrotta: «Per me è lo stesso».

«No. Io ti ho amato senza riserve, tu non ne sei capace.»

«Io so solo che ti voglio bene.»

«A modo tuo, a me non basta.»

«Però quando ci siamo messi insieme eri felice.»

«Come non lo sono mai stata, ma è durata solo due settimane, poi hai preferito la cocaina e io questo non posso sopportarlo. Voglio l'esclusiva, non posso farci niente e nemmeno tu.»

Ecco era proprio questo il punto. Finalmente le era tutto chiaro.

«Addio Davide» gli aveva dato l'ultimo buffetto sulla guancia, stavolta con amore, e si era alzata.

«Sei innamorata di Massimo?» le aveva chiesto Davide.

«Non lo so» era sincera. Forse col tempo l'avrebbe capito.

Mentre si avviava verso casa Sara aveva alzato gli occhi al cielo plumbeo mentre i primi fiocchi di neve volteggiavano nell'aria e le si posavano sugli occhi come un balsamo.

In quel preciso istante Massimo guardava dal finestrino dell'aereo, che si alzava in volo, gli stessi fiocchi di neve.